Chouette

4e

13-14 ANS

Espagnol

Jean Congar
Jean-Yves Kerzulec

© Hatier, Paris, 2019 – ISBN : 978-2-401-05119-5

Hatier

Ton parcours de révision

Commence par faire le test pour te situer. Coche la case ☐ quand tu as révisé un chapitre.

LA PHRASE

Les outils complémentaires

Le Guide Chouette ....au centre du cahier

- Tous les CORRIGÉS des exercices, avec des explications
- Des informations « spécial parents »
- Les scripts des podcasts audio

Pour t'entraîner à l'oral

- Retrouve les RESSOURCES AUDIO signalées par 🎧 et téléchargeables sur www.editions-hatier.fr

• Des PODCASTS AUDIO pour t'entraîner en compréhension orale (voir le Guide Chouette, p.17)
• Des corrigés d'EXERCICES SONORISÉS

- **Comment procéder ?**

Tape « Chouette Espagnol 4e » et dans la fiche article, clique sur « Ressources gratuites ».

Maquette : Frédéric Jély, Primo & Primo
Illustrations : Adrien Siroy (dessins de la chouette), Vincent Bergier
Mise en pages : Facompo Rouen

TEST

1. Réponds aux questions du test.
2. Vérifie chaque réponse à l'aide du corrigé page 2 dans le livret détachable.
3. Si ta réponse n'est pas juste, entoure le numéro du chapitre : il t'aidera à comprendre tes erreurs.

LE GROUPE NOMINAL

CHAPITRE

1. Complète les phrases avec les articles *el, la, las, una*.
Sara es …… de …… hijas de …… señora López. Se levanta a …… siete de …… mañana y toma …… autobús n°13 para ir a …… escuela.
1 p. 6

2. Écris les groupes nominaux ci-dessous au pluriel.
el hombre → ……………………… el colegial → ………………………
la mujer → ……………………… la voz → ………………………
2 p. 8

3. Écris les groupes nominaux suivants au féminin pluriel.
el niño triste → ……………………… el famoso rey → ………………………
3 p. 10

4. Complète la phrase avec le pronom personnel sujet qui convient.
"–…… me llamo Jorge y ……, señor, ¿cómo se llama?"
4 p. 12

5. Ajoute les pronoms personnels compléments qui conviennent.
"–Juan, el libro es para ……… y los cuadernos son para ………, Elena y Julia."
5 p. 14

6. Coche les adjectifs possessifs.
☐ vosotros ☐ mi ☐ su ☐ usted ☐ se
☐ nuestro ☐ ellos ☐ sus ☐ ti ☐ tu
6 p. 16

7. Tu veux situer des éléments dans un paysage. Comment dirais-tu ?
cette fleur, ici → ………………………………
ces montagnes, là-bas → ………………………………
7 p. 18

8. Complète les phrases avec le pronom relatif *que* ou *quien*.
El personaje de …… hablas es don Quijote. El gordo …… le acompaña es Sancho Panza.
8 p. 20

9. Remets dans l'ordre ces phrases interrogatives.
¿/ tus / son / cuáles / apellidos /? → ………………………………
¿/ a / vamos / qué / de / hablar /? → ………………………………
9 p. 21

10. Écris le nombre en toutes lettres.
1505 → ………………………………
10 p. 22

11. Complète les phrases avec les prépositions *a, de, en, para, por* ou *con*.
…… ir …… la playa pasamos …… la casa …… Ana.
Si está …… casa puede venir …… nosotros.
11 p. 24

LE GROUPE VERBAL

CHAPITRE

12. Complète les phrases avec *ser* ou *estar*, conjugués, en tenant compte de la personne du verbe.
…… las siete. …… la hora de levantarse.
(Yo) …… inquieto: hoy …… el día del examen.
12 p. 26

13. Mets les verbes suivants au pluriel (à la même personne).
sales → ……………… trabajo → ……………… te llamas → ………………
estudias → ……………… subo → ………………
13 p. 28

LE GROUPE VERBAL

CHAPITRE

14. Retrouve l'infinitif des verbes suivants.

empiezan → .... te sientes → .... me muevo → ....

vuelves → .... se acuerda → ....

14 p. 30

15. Écris les verbes suivants à la première personne du singulier.

vemos → .... venís → .... vamos → ....

15 p. 32

16. Recopie le texte en mettant les verbes à l'imparfait.

Son las nueve de la noche; Rafa va al cine; ve una película; luego vuelve a casa y se acuesta.

....

16 p. 34

17. Écris les verbes suivants au passé simple, en tenant compte de la personne.

dibujo → .... escriben → .... aprendéis → ....

somos → .... está → ....

17 p. 36

18. Écris les verbes au futur puis au conditionnel.

hablo → .... → .... digo → .... → ....

tengo → .... → .... soy → .... → ....

18 p. 38

19. Coche les verbes qui sont au subjonctif présent.

- [ ] cantáis
- [ ] cantes
- [ ] venía
- [ ] vaya
- [ ] corres
- [ ] subáis
- [ ] haga
- [ ] haya

19 p. 40

20. Passe de l'ordre à la défense (interdiction).

corre → no .... tomad → no ....

venid → no .... pongamos → no ....

20 p. 42

21. Retrouve le participe passé et le gérondif des verbes suivants.

estar → .... ; ....

escribir → .... ; ....

poner → .... ; ....

21 p. 44

22. Traduis les phrases ci-dessous.

J'ai vu les deux pandas venus de Chine : ils étaient en train de dormir. Cet animal est protégé.

....

22 p. 46

23. Remets les mots dans l'ordre qui convient.

no / el / gusta / a / le / jamón / él /. → ....

23 p. 48

24. Traduis les phrases suivantes.

Tu as besoin de manger plus ; il faut manger. .... ; ....

24 p. 50

25. Tu exprimes une action habituelle. Que diras-tu ?

En septiembre caen las hojas. → ....

25 p. 52

LA PHRASE

CHAPITRE

26. Souligne toutes les négations dans les phrases ci-dessous.

Nadie sale a la calle. No vamos al cole tampoco. Nieva: cuando nieva nunca vamos al cole.

26 p. 54

27. Écris 5 mots interrogatifs différents.

....

27 p. 56

28. Remets les mots de cette phrase exclamative dans l'ordre qui convient.

¡/ civilización / tan / qué/ desarrollada /! → ....

28 p. 58

LE GROUPE NOMINAL

1 Les articles

L'article défini

- En espagnol comme en français, l'article défini précède un nom désignant un être ou une chose. Il **s'accorde** en genre et en nombre avec le nom.

Au masculin : *el, los*	**Au féminin :** *la, las*
el *castillo* (le château) ***los*** *castillos* (les châteaux)	***la*** *casa* (la maison) ***las*** *casas* (les maisons)

- L'article masculin ***el*** **se combine** avec les prépositions ***a*** et ***de*** :
a + el = al ; de + el = del.
El turista va ***al*** *castillo* ***del*** *pueblo.* Le touriste va **au** château **du** village.

1 **Dans les phrases suivantes, repère les noms communs et classe-les dans le tableau en t'aidant des articles définis.**

1. El perro (*le chien*) y el gato (*le chat*) de la abuela (*la grand-mère*) están aquí.
2. El señor (*le monsieur/l'homme*) se llama Manuel Rodríguez.
3. La hija (*la fille*) de Paco es la prima (*la cousine*) de Carmen.
4. La nieta (*la petite-fille*) de Isabel no vive en la ciudad (*la ville*) sino en el campo (*la campagne*).

Noms masculins	Noms féminins
....	....
....	....
....	....
....	....
....	....

SCORE ..../ 9

ATTENTION
En espagnol, les mots n'ont pas toujours le même genre qu'en français :
el campo : la campagne.

Emplois particuliers de l'article défini

- On **emploie l'article défini** :
– pour exprimer l'heure ;
Es ***la*** *una.* Il est une heure. *Son* ***las*** *cuatro.* Il est quatre heures.
– devant les mots *señor, señora, señorita* (monsieur, madame, mademoiselle) s'ils sont suivis d'un nom propre ou d'un titre.
El *señor Director y* ***la*** *señora García van a salir.*
Monsieur le Directeur et Madame García vont sortir.

- On **n'emploie pas l'article défini** :
– devant le mot *casa* (maison) employé avec les prépositions *a, en, de* ;
María se queda ***en casa****.* Marie reste à la maison.
– devant les noms de pays.
Francia *y* ***España*** *forman parte de la Unión europea.*
La France et l'Espagne font partie de l'Union européenne.

★★ 2 **Complète les phrases ci-dessous avec les articles définis qui conviennent. Attention ! L'article n'est pas toujours nécessaire.**

1. .... nieto (*petit-fils*) de .... señora Rodríguez tiene ocho años (*a huit ans*).
2. .... casa de mi padre es .... última casa de .... calle (*rue*).
3. Es la casa .... hermano (*frère*) de Carmen.
4. .... señor López vive en .... calle Constancia.
5. .... hermanito (*petit frère*) de Pedro va a .... escuela a .... una y media (*à une heure et demie*).
6. Cuando .... clase termina a .... una, Ramón va a .... casa de Antonio.
7. .... Francia es más grande que (*plus grande que*) .... España.

SCORE ..../ 16

COUP DE POUCE
Vérifie que, devant trois noms, tu n'as pas utilisé d'article.

L'article indéfini

- Les articles indéfinis sont :
  - *un* au masculin singulier : ***un** alumno* (un élève) ;
  - *una* au féminin singulier : ***una** alumna* (une élève).
- ***Unos*** et ***unas*** ont plutôt le sens de « quelques » (quantité restreinte).

  *Veo **unos** coches en la plaza.* Je vois des [quelques] voitures sur la place.
- On **n'emploie pas** d'article en espagnol quand on peut difficilement compter, mesurer ou peser la réalité désignée par le nom.

  *Como **pan**, **sopa** y **legumbres**, pero no como **carne**.*
  Je mange du pain, de la soupe et des légumes, mais je ne mange pas de viande.

★★ 3 **Complète avec un article indéfini si nécessaire.**

–¿Tiene usted .... discos de música tecno?

–Sí, tengo .... discos de toda clase.

–Quisiera (*je voudrais*) también .... disco de música pop y .... disco de música clásica.

–¿Es para ti?

–No, el primero es para .... amiga y el otro para mis padres; ellos solo escuchan .... música clásica.

SCORE ..../ 6

COUP DE POUCE
Dans deux cas, l'article n'est pas nécessaire.

Corrigés p. 2

TOTAL ..../ 31

2 Le nom

Le genre : masculin/féminin

- Les **noms en *o*** sont généralement masculins : *el chico* (le garçon).
- Les **noms en *a*** sont généralement féminins : *la chica* (la fille).
- Le genre des noms animés dépend du sexe de la personne désignée : *el padre y la madre* (le père et la mère), *el rey y la reina* (le roi et la reine).

★ **1** **Classe les mots suivants dans le tableau ci-dessous, en ajoutant l'article défini correspondant.**

1. hija (*fille*)
2. primo (*cousin*)
3. mujer (*femme*)
4. señor (*monsieur*)
5. hombre (*homme*)
6. hermana (*sœur*)
7. soltero (*célibataire*)
8. suegro (*beau-père*)
9. abuela (*grand-mère*)
10. anciana (*vieille dame*)

COUP DE POUCE
Quand le nom français peut désigner aussi bien une femme qu'un homme, observe la dernière lettre du mot espagnol : *profesor, profesora* (professeur).

Noms masculins	Noms féminins
....	....
....	....
....	....
....	....
....	....

SCORE .... / 10

Le nombre : singulier/pluriel

- Les noms terminés par une voyelle au singulier prennent généralement **un *-s* au pluriel**.
  - *la chica* → *las chica**s*** (les filles)
  - *el muchacho* → *los muchacho**s*** (les jeunes gens, les gars)
  - *el nene* → *los nene**s*** (les bébés)
- Les noms terminés par une consonne prennent la terminaison ***-es***.
  - *el colegial* → *los colegial**es*** (les collégiens)
  - *el país* → *los país**es*** (les pays)
- **Attention !**
  - Les noms terminés par ***ón*** et ***ión*** perdent leur accent écrit au pluriel.
    - *la lección* → *las leccion**es*** (les leçons)
  - Les noms terminés par un ***z*** changent le ***z*** en ***c*** au pluriel.
    - *la cruz* → *las cru**ces*** (les croix)

2 Mets les noms au pluriel en les faisant précéder de l'article défini.

1. chaval → ....
2. hermana → ....
3. padre → ....
4. reunión → ....
5. adulto → ....
6. anciano → ....

SCORE ..../ 6

ATTENTION
N'oublie pas que l'accent écrit des mots en *-ión* disparaît au pluriel.

3 Détermine le genre et le nombre des noms et complète les phrases avec les articles définis qui conviennent.

1. Miguelito es .... hijo de don Paco.
2. .... hermanas de Miguelito son Ana y Elena.
3. .... apellidos (*noms de famille*) de Miguelito son Ortega Sanz.
4. .... mujer de don Paco es de Bolivia.
5. .... bolivianos viven en América Latina.

SCORE ..../ 5

COUP DE POUCE
Tu dois utiliser les quatre articles définis *el, la, los, las.*

4 Mets les phrases au pluriel ou au singulier selon le cas. Utilise les formes verbales ***es/son, tiene/tienen.***

1. La hermana de Pablo es madrileña. → ....
2. Las casas tienen balcones. → ....
3. La torre del castillo es alta. → ....
4. Las plantas tienen raíces. → ....

SCORE ..../ 4

ATTENTION
En transformant les phrases 2 et 4 au singulier, pense à employer un article indéfini au singulier.

5 En t'appuyant sur les phrases des exercices 3 et 4, dis si les affirmations de ce texte sont exactes.

	Sí	No
1. Miguelito es un chaval que tiene dos hermanas.		
2. La madre de Miguelito es española.		
3. Pablo tiene una hermana que es de Madrid.		

SCORE ..../ 3

6 Retrouve et entoure dans la grille :
- 3 noms masculins singuliers,
- 3 masculins pluriels,
- 3 féminins singuliers,
- 3 féminins pluriels.

Classe les noms au brouillon.

A	H	E	R	M	A	N	O	S	L	E
S	E	Ñ	O	R	E	S	M	O	D	U
S	R	A	C	T	R	I	Z	O	V	H
U	M	X	T	I	L	U	I	E	S	I
T	A	M	H	I	J	O	S	J	E	J
A	N	C	O	L	E	G	I	A	L	A
D	A	C	M	U	J	E	R	S	A	S
I	S	N	B	A	T	W	I	A	A	P
R	N	O	R	E	I	N	A	M	S	T
L	E	Y	E	S	P	R	I	M	O	B

SCORE ..../ 12

COUP DE POUCE
Par exemple, dans la quatrième colonne, tu peux lire le nom masculin singulier *hombre* : homme.

Corrigés p. 3

Plus d'exercices sur www.hatier-entrainement.com

TOTAL ..../ 40

LE GROUPE NOMINAL

3 L'adjectif qualificatif

L'accord en genre (masculin/féminin)

- Les adjectifs qui se terminent par *-o* au masculin changent le ***o*** en ***a*** au féminin.

  rojo (rouge) → *roja*

- Les adjectifs terminés par une autre lettre n'ont qu'une seule forme pour les deux genres.

  triste → *triste* *frágil* → *frágil*

- **Attention !** Les adjectifs de nationalité terminés par une consonne prennent un ***a*** au féminin.

  francés → *france**sa*** (disparition de l'accent écrit au féminin)

  español → *españo**la***

★ 1 Dans les phrases suivantes, mets les mots soulignés au féminin.

1. El tío de Juanito es español. → ……………………………………
2. El niño tiene un perro inteligente. → ……………………………………
3. El señor de Las Cuevas no es italiano. → ……………………………………
4. El alumno es francés. → ……………………………………
5. El profesor no parece (*ne semble pas*) contento. → ……………………………………

SCORE ……… / 10

COUP DE POUCE
Un des adjectifs a la même terminaison au masculin et au féminin.

L'accord en nombre (singulier/pluriel)

- Les adjectifs terminés par une voyelle prennent un *-s* au pluriel, au féminin comme au masculin.

  blanco → *blanco**s*** *verde* → *verde**s***

- Les adjectifs terminés par une consonne prennent *-es* au pluriel.

  azul (bleu) → *azul**es*** *gris* → *gris**es***

- **Attention !** Les adjectifs de nationalité prennent *-es* au masculin pluriel et *-as* au féminin pluriel.
  Si la dernière syllabe est accentuée, elle perd son accent.

  japonés → *japones**es**, japones**as*** (disparition de l'accent écrit)

★★ 2 Recopie ce texte en le mettant au pluriel.

Otoño
El campo está triste; el olivo, también; la casa tiene color de ceniza; en el patio el ruiseñor ya no canta, el agua tampoco.

……………………………………

……………………………………

……………………………………

SCORE ……… / 7

INFO
Es → *son* ; *tiene* → *tienen* ; *canta* → *cantan*.
También : aussi, et *tampoco* : non plus, sont invariables.
Agua est féminin.

Formation de l'adverbe de manière

- **Les adverbes de manière** se forment en ajoutant *-mente* au féminin de l'adjectif.

*lent**o*** → *lent**a*** → *lenta**mente***   *fácil* → *fácil**mente***

3 **Forme les adverbes des adjectifs suivants, puis complète chacune des phrases avec celui qui convient.**

lento →	inútil → ....
normal →	trágico → ....
inmediato →	rápido → ....

1. Ven aquí (*viens ici*) ...., le dice el director.
2. .... el trigo se corta (*on coupe le blé*) en julio.
3. No era rápido; no andaba (*il marchait*) .... sino ....
4. Un accidente…; murió (*il est mort*) ....
5. Lo haces para nada (*tu le fais pour rien*) ; lo haces ....

SCORE ..../ 12

ATTENTION
Il faut se souvenir que seuls les adjectifs terminés en *o* changent le *o* en *a*. Pour les adjectifs qui gardent la même forme au féminin, il faut juste ajouter *-mente*.

Les comparatifs réguliers

- **Le comparatif d'égalité**
  tan + (adjectif) + *como*… = aussi… que…
  *Antonio es **tan** alto **como** su hermana.*
  Antoine est aussi grand que sa sœur.
- **Le comparatif de supériorité**
  más + (adjectif) + *que*… = plus… que…
  *Mi padre es **más** autoritario **que** mi madre.* Mon père est plus autoritaire que ma mère.
- **Le comparatif d'infériorité**
  menos + (adjectif) + *que*… = moins… que…
  *Mis abuelos son **menos** viejos **que** tus abuelos.*
  Mes grands-parents sont moins âgés que les tiens.

4 **Compare les membres de la famille illustrée ci-dessus en utilisant le comparatif approprié.**

1. Los abuelos y los padres (viejos, +) → ....
2. Ana y Teresa (sonriente, =) → ....
3. Mónica y Ana (rubia, =) → ....
4. La madre y el padre (severa, –) → ....
5. Los hijos y los padres (divertidos, +) → ....

SCORE ..../ 5

COUP DE POUCE
Emploie le verbe *ser* au singulier ou au pluriel, selon le cas.

Corrigés p. 3 et 4

TOTAL ..../ 34

4 Les pronoms personnels sujets

Formes et emploi

- En espagnol, comme en français, les pronoms personnels sujets **varient en nombre et en personne**.

Singulier	Pluriel
yo (je)	nosotros, nosotras (nous)
tú (tu)	vosotros, vosotras (vous)
él, ella (il, elle) usted (vous)	ellos, ellas (ils, elles) ustedes (vous)

- En espagnol, l'emploi du pronom sujet n'est **pas obligatoire devant le verbe,** c'est la terminaison du verbe qui permet de déduire le sujet.
  Le pronom sujet ne s'emploie donc que pour insister ou pour clarifier l'expression.
  *estudi**a** (estudiar)* : il étudie (ici, la terminaison ***-a*** signale la 3e pers. du sing.)
  *aprend**e** (aprender)* : il apprend (de même pour la terminaison ***-e***)

ATTENTION
Ne confonds pas *tu* (ton, ta) et *tú* (tu), *el* (le : *el libro*) et *él* (il, lui).

★ 1 Complète le tableau en ajoutant le pronom personnel qui convient.

desayunar (*prendre le petit déjeuner*)	comer (*manger*)	discutir (*discuter un problème*)
.... desayuno	.... como	.... discuto
.... desayunas	.... comes	.... discutes
.... desayuna	.... come	.... discute
.... desayunamos	.... comemos	.... discutimos
.... desayunáis	.... coméis	.... discutís
.... desayunan	.... comen	.... discuten

SCORE .... / 18

★ 2 En t'aidant de l'exercice 1, place devant chacun des verbes suivants le ou les pronoms personnels sujets qui conviennent.

1. .... aprendes (aprender : *apprendre*)
2. .... enseñan (enseñar : *enseigner*)
3. .... ayudáis (ayudar : *aider*)
4. .... bailo (bailar : *danser*)
5. .... barre (barrer : *balayer*)
6. .... subo (subir : *monter*)

SCORE .... / 6

INFO
L'espagnol possède douze pronoms personnels sujets ; le français en compte huit.

3 Complète le texte en ajoutant les pronoms personnels sujets.

Un père s'adresse à son fils.

EL PADRE: .... puedo decirte que con las notas que .... sacas en el colegio, ... estamos muy satisfechos, tu madre y yo. Pero .... no puedes olvidar que si .... quieres la bici para el verano .... tienes que seguir estudiando así.

EL HIJO: Ya sabes ...., papá, que la playa está a 5 kilómetros; .... necesito la bici; si .... no me la compráis, ... no podré acompañar a mis amigos.

SCORE ..../ 10

INFO

- *sacar notas*: obtenir des notes
- *olvidar*: oublier
- *el verano*: l'été
- *no podré*: je ne pourrai pas

Usted/Ustedes

- On emploie :
  - *usted* (+ verbe à la 3e personne du singulier) pour **vouvoyer une personne**.

    *¿**Usted** desayun**a**, señor?* Vous prenez le petit déjeuner, monsieur ?
  - *ustedes* (+ verbe à la 3e personne du pluriel) pour **vouvoyer plusieurs personnes**.

    *Señoras y señores, **ustedes** pued**en** pasar.*
    Mesdames et messieurs, vous pouvez entrer.

4 Transforme ce dialogue en supposant que les deux voisins se vouvoient.

COUP DE POUCE
Tu n'as que sept verbes à modifier.

–¡Hola! ¿Qué tal estás? ¿Buscas un tesoro? – ....

–¡No! Cavo (*je creuse*) para plantar olivos. – ....

–¿Quieres ser aceitunero? (*celui qui récolte les olives*) – ....
....

–¡No! Tú tienes más sombra (*ombre*) que yo. – ....

–Entiendo: plantas olivos porque no puedes plantar sombra. – ....
....

–Ahora lo entiendes perfectamente. – ....

SCORE ..../ 7

Corrigés p. 4

TOTAL ..../ 41

LE GROUPE NOMINAL

5 Les pronoms personnels compléments

Employés sans préposition

- En espagnol, comme en français, les pronoms personnels compléments peuvent être employés sans préposition ou avec préposition.

  Veo ***la torre. La*** *veo.* Je vois la tour. Je la vois.

  Vamos ***con Cristina****. Vamos* ***con ella****.* Nous allons avec Christine. Nous allons avec elle.

- Voici les formes des pronoms personnels employés sans préposition.

		1re personne	2e personne	3e personne
Singulier	COD	me (me)	te (te)	lo, la (le, la)
	COI/COS			le (lui)
Pluriel	COD	nos (nous)	os (vous)	los, las (les)
	COI/COS			les (leur)

1 **Complète les phrases suivantes avec le pronom personnel complément qui convient, en tenant compte du contexte.**

COUP DE POUCE
Les deux interlocuteurs se tutoient.

Por teléfono

–¡Oiga! ¿ .... oyes?

–Sí, ... oigo bien.

–¿Cuándo .... vemos para preparar la salida del fin de semana?

–........... propongo el jueves por la tarde.

–De acuerdo; no .... repetiré, es una sorpresa: el domingo es el cumpleaños de mi hija.

–Adiós; .... llamaré otra vez el miércoles.

SCORE ..../ 6

2 **Dans les phrases suivantes, remplace le groupe nominal souligné par le pronom personnel complément qui convient.**

ATTENTION
Il y a deux compléments d'objet second.

Ex. : *Compro la bicicleta*. J'achète le vélo. → ***La*** *compro* (***la*** = *COD*). Je l'achète.

1. Visitamos la región. → ....

2. El guía da un folleto a los visitantes. → ....

3. Andrés tiene las llaves (*les clés*). → ....

4. Abrimos la puerta. → ....

5. Ana observa los torreones (*les donjons*). → ....

6. Milagros mira las rejas (*les grilles*). → ....

7. Isidoro enseña los calabozos (*les cachots*). → ....

8. Ricardo explica el programa a su novia (*sa fiancée*). → ....

9. Los amigos terminan la visita. → ....

10. Compran un recuerdo (*un souvenir*). → ....

SCORE ..../ 10

Employés avec une préposition

- Ces pronoms s'utilisent avec les équivalents de : « à »,« pour »,« de »,« par ».
- Remarque les trois formes particulières *mí, ti, sí* ; les autres pronoms sont les mêmes que les pronoms personnels sujets (voir unité 4).
- Remarque aussi que « nous » et « vous » (2e pers. plur.) ont un masculin et un féminin.

Prépositions	Pronoms personnels
a para de por	mí ti él, ella, usted, sí nosotros, nosotras vosotros, vosotras ellos, ellas, ustedes

*Se dirige **a mí**.*
Il s'adresse à moi.

*Habla siempre **de ti**.*
Il parle toujours de toi.

*El regalo es **para él, para ella y para usted**.*
Le cadeau est pour lui, pour elle et pour vous (madame ou monsieur).

*Vienen **con nosotros, con nosotras**.*
Ils viennent avec nous.

*Pienso **en vosotros, en vosotras**.*
Je pense à vous.

*Los regalos son **para ellos, ellas y ustedes**.*
Les cadeaux sont pour eux, elles et vous (mesdames ou messieurs).

- **Attention** aux cas particuliers.
  conmigo, contigo, consigo (avec moi, avec toi, avec soi)

★ 3 Remplace les mots soulignés par le pronom personnel complément qui convient.

1. Habla siempre de su padre. → ....
2. Es una fiesta para Juan y Felipe. → ....
3. Benito y su hermano hablan siempre de vuestros padres.
→ ....
4. Quiero vivir con mis hermanos. → ....
5. Piensa en su abuela. → ....

SCORE .... / 5

ATTENTION
Tu dois trouver le genre et le nombre des mots avant de choisir le pronom.

★★ 4 Lis le texte ci-dessous et ajoute les pronoms qui manquent.

Lotería

El número doce gana un reloj; es para ...., señor.

El veintitrés gana un televisor; es para ...., alumnos de la clase de primero de la Eso.

El ciento cuarenta gana un microondas; la señora Martínez no está; es para ...., pero lo guardo .... de momento.

El trece, ¡yo tengo el trece! Es para ...., señoras y señores. A .... me toca el gordo (*gros lot*): ¡un móvil!

SCORE .... / 6

ATTENTION
N'oublie pas le cas particulier : la traduction de « avec moi ».

Corrigés p. 4 et 5

TOTAL .... / 27

LE GROUPE NOMINAL

6 Les possessifs

Les adjectifs possessifs

- Les adjectifs possessifs varient en personne (1re, 2e, 3e), en genre (masculin, féminin) et en nombre (singulier, pluriel).

	Un seul objet possédé	Plusieurs objets possédés
1re pers. sing.	mi (mon, ma)	mis (mes)
2e pers. sing.	tu (ton, ta)	tus (tes)
3e pers. sing.	su (son, sa, votre)	sus (ses, vos)
1re pers. plur.	nuestro, nuestra (notre)	nuestros, nuestras (nos)
2e pers. plur.	vuestro, vuestra (votre)	vuestros, vuestras (vos)
3e pers. plur.	su (leur, votre)	sus (leurs, vos)

- **Attention !** Les adjectifs possessifs ***mi***, ***tu*** et ***su*** sont à la fois masculins et féminins.

*Esta es **mi** amiga Lucía y este es **mi** amigo Paco.*
Voici mon amie Lucía et voici mon ami Paco.

1 **Transforme chaque phrase selon l'exemple, en employant l'adjectif possessif qui convient.**

Ex. : *Es el hermano del vecino* (voisin). → *Es su hermano.*

1. Es la amiga de Encarna. → ....
2. Son los padres de los señores Sánchez. → ....
3. Son los profesores de Agustín. → ....
4. Es la abuela de Isabel. → ....
5. Es la familia del director. → ....

SCORE ..../ 5

COUP DE POUCE
Vérifie que tu as employé trois fois *su* et deux fois *sus*.

Les adjectifs possessifs du vouvoiement

- Pour les adjectifs possessifs, comme pour les pronoms personnels sujets, on emploie la 3e personne pour vouvoyer une ou plusieurs personnes.

*Señor, **su** cuadro es magnífico; ¿es **usted** pintor?*
Monsieur, **votre** tableau est magnifique ; êtes-vous peintre ?

2 **Traduis le texte suivant en français ; les deux personnages se vouvoient.**

En el despacho del director
–Buenos días, señor director.
–Muy buenos. ¿Viene a matricular a su hija en el cole? ¿Es nueva?
–Sí, se llama Mercedes, como su abuela; antes, todos vivíamos en Vigo.
–¿Cuál es su dirección ahora?
–¿La mía?
–Sí, la suya, por favor.
–Avenida Juan Carlos 1°, 22, Pontevedra.

INFO
- *el despacho* : le bureau
- *matricular* : inscrire
- *antes, vivíamos* : avant, nous habitions

Dans le bureau du directeur

....

....

....

....

....

....

....

SCORE .... / 5

Les pronoms possessifs

- Les pronoms possessifs varient en personne (1re, 2e, 3e), en genre (masculin, féminin) et en nombre (singulier, pluriel).

	Un seul objet possédé		Plusieurs objets possédés	
	Masculin	**Féminin**	**Masculin**	**Féminin**
1re sing. (le mien...)	el mío	la mía	los míos	las mías
2e sing. (le tien...)	el tuyo	la tuya	los tuyos	las tuyas
3e sing. (le sien, le vôtre...)	el suyo	la suya	los suyos	las suyas
1re plur. (le nôtre...)	el nuestro	la nuestra	los nuestros	las nuestras
2e plur. (le vôtre...)	el vuestro	la vuestra	los vuestros	las vuestras
3e plur. (le leur, les vôtres...)	el suyo	la suya	los suyos	las suyas

*–¿Son tus zapatos? –Sí, son **los míos**.*
– Ce sont tes chaussures ? – Oui, ce sont les miennes.
Dans la réponse, ***los míos*** (déterminant + possessif) remplace *zapatos*.

★★ 3 **Reformule la phrase en remplaçant l'adjectif possessif par un pronom possessif.**

Ex. : *Esta habitación es mi habitación.* Cette chambre est ma chambre.
→ *Es la mía.* C'est la mienne.

1. El armario (*armoire*) es mi armario. → ....
2. La cama (*lit*) no es mi cama. → ....
3. Los estantes (*étagères*) no son mis estantes. → ....
4. Los bolígrafos (*stylos*) son de Sonia. → ....
5. El cuadro (*tableau*) es de mi padre. → ....
6. El pijama es tu pijama. → ....
7. El sillón (*fauteuil*) es nuestro sillón. → ....
8. Las sillas (*chaises*) no son vuestras sillas. → ....
9. Las chaquetas (*vestes*) son de mis hermanos. → ....
10. Señor, ¿el despacho (*bureau*) rojo es su despacho? → ....

SCORE .... / 10

ATTENTION
Le genre des noms est parfois différent en français et en espagnol.

Corrigés p. 5

TOTAL .... / 20

LE GROUPE NOMINAL

7 Les démonstratifs

Les adjectifs démonstratifs

- Les adjectifs démonstratifs **s'accordent** en genre et en nombre **avec le nom** qu'ils déterminent.

Singulier		Pluriel	
Masculin	**Féminin**	**Masculin**	**Féminin**
este ese aquel	esta esa aquella	estos esos aquellos	estas esas aquellas

- Le choix du démonstratif **dépend de l'éloignement** (dans l'espace ou dans le temps) de celui qui parle avec la personne ou l'objet désigné.

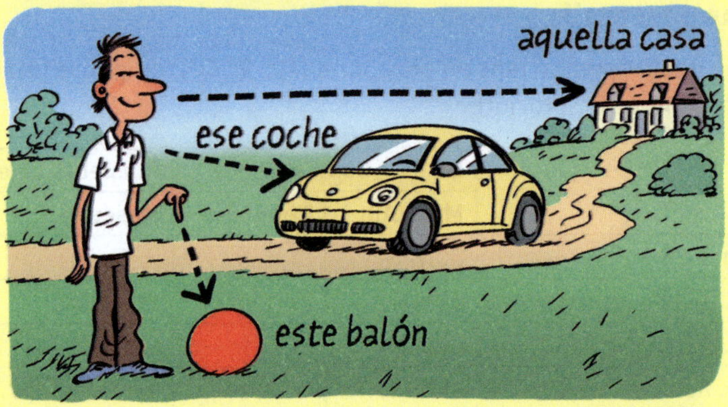

- Ils peuvent donc être mis en relation avec les différents **adverbes de lieu** avec lesquels ils sont d'ailleurs souvent associés.

Adjectif démonstratif	Adverbe de lieu
este	aquí/acá (ici, tout près)
ese	ahí (là, un peu plus loin)
aquel	allí/allá (là-bas, loin)

★ 1 **Complète les phrases avec *aquí/acá, ahí, allí/allá.***

1. Esa isla que se ve ....
2. Aquellos árboles que se ven ....
3. Aquellas nubes que se ven ....
4. Esta flor que se ve ....
5. Esa playa que se ve ....

SCORE ..../ 5

ATTENTION
Il ne faut pas confondre **esta** (phrase 4), adjectif démonstratif, avec le verbe **estar**.

★★ 2 **Remplace l'article souligné par l'adjectif démonstratif, en tenant compte du sens de la phrase et de l'adverbe de lieu.**

Ex. : *Aquí se ve el mar. El mar parece tranquilo.*
→ *Este mar parece tranquilo.*

1. Se ve una luz, allá. La luz brilla. → ....
2. Se ve un faro (*un phare*), ahí. El faro ilumina el mar. → ....
3. Se ven barcos, allí. Los barcos navegan. → ....

ATTENTION
Ne confonds pas **ahí** (là) et **allí/allá** (là-bas).

4. Es el velero (*voilier*) de mi padre, aquí. El velero es nuevo.

→ ....

5. Ahí, el puerto me parece pequeño. El puerto no es un puerto de pesca (*port de pêche*).

→ ....

SCORE .... / 5

3 Ajoute les adjectifs démonstratifs en tenant compte de la situation des objets par rapport à l'élève.

.... mesa

.... estuche

.... libros

.... cartel

.... despacho

.... ventana

.... patio de recreo

.... árboles

SCORE .... / 8

INFO
Les noms espagnols correspondant à « trousse », « affiche » et « cour » sont masculins.

Les pronoms démonstratifs

- Ils ont les mêmes formes que les adjectifs démonstratifs.
  este, esta, estos, estas (celui-ci, celle-ci, ceux-ci, celles-ci)
  ese, esa, esos, esas (celui-là, celle-là, ceux-là, celles-là)
  aquel, aquella, aquellos, aquellas (celui-là [là-bas], celle-là [là-bas], ceux-là [là-bas], celles-là [là-bas])
- Comme pour les adjectifs, on choisit l'un ou l'autre des pronoms démonstratifs selon l'éloignement (dans l'espace ou dans le temps) de celui qui parle avec la personne ou l'objet désigné.

4 Remplace l'adjectif démonstratif et le nom par le pronom démonstratif correspondant.

Ex. : *Esta gaviota* (mouette) *parece tranquila.* → *Esta parece tranquila.*

1. Aquella ola (*vague*) es gigantesca. → ....
2. Este barco es hondureño. → ....
3. Estas redes (*filets*) sirven para la anchoa. → ....
4. ¿Has venido (*es-tu venu*) con ese barco? → ....
5. ¿Te gusta más esta playa o la otra? → ....

SCORE .... / 5

ATTENTION
Les pronoms démonstratifs s'accordent en genre et en nombre avec les noms qu'ils remplacent.

Corrigés p. 5 et 6

TOTAL .... / 23

8 Les pronoms relatifs

Le pronom *que*

- Le pronom relatif *que* est invariable.
- Il signifie « **qui** » (en fonction de sujet) ou « **que** » (en fonction de COD).
  Dans le premier cas, il s'emploie aussi bien pour les personnes que pour les choses.
  Dans le second cas, il ne s'emploie que pour les choses.

  *el viajero **que** habla* (le voyageur qui parle)
  *el tren **que** llega* (le train qui arrive)
  *el tren **que** veo* (le train que je vois)

★★ 1 Traduis la phrase suivante.

Nous étudions aujourd'hui une région qui s'appelle La Mancha et que don Quichotte a parcourue.

....

....

SCORE .... / 5

COUP DE POUCE
- nous étudions : *estudiamos*
- a parcouru : *recorrió.*

Le pronom *quien*

- Ce pronom relatif a deux formes : ***quien*** au singulier et ***quienes*** au pluriel.
- Il signifie « **qui** » ou « **que** ».
  Il ne s'emploie que pour les personnes.
- On l'emploie en fonction de complément indirect, **précédé d'une préposition** : *a, de, para, por, con...*
  Voici quelques constructions usuelles au singulier et au pluriel :

  a quien, de quien, para quien, por quien, con quien
  a quienes, de quienes, para quienes, por quienes, con quienes

★★ 2 Traduis les phrases suivantes.

1. El país que visitamos es muy verde.

....

2. Los turistas que llegan son extranjeros.

....

3. El señor a quien ves es espeleólogo.

....

4. Las personas de quienes hablamos son de Panamá.

....

5. España es un país que tiene cuatro lenguas oficiales.

....

SCORE .... / 5

ATTENTION
N'oublie pas qu'on ajoute la préposition *a* devant un nom ou un pronom complément d'objet direct désignant une personne.

Corrigés p. 6

TOTAL .... / 10

9 Pronoms et adjectifs interrogatifs

Quatre mots qui servent à poser des questions

- Retiens les **quatre mots** suivants : *qué, quién, cuánto, cuál.*
  - ***qué*** (que, qu'est-ce que, quoi, quel, quelle, quels, quelles)
    *¿**Qué** haces?* Qu'est-ce que tu fais ? *¿**Qué** hora es?* Quelle heure est-il ?
  - ***quién***, *quiénes* (qui)
    *¿**Quiénes** son?* Qui sont-ils ?
  - ***cuánto***, *cuánta, cuántos, cuántas* (combien)
    *¿**Cuántos** años tienes?* Quel âge as-tu ? (littéralement : Combien d'années as-tu ?)
  - ***cuál***, *cuáles* (quel, quelle, lequel, laquelle, lesquels, lesquelles)
    *Dime **cuál** prefieres.* Dis-moi lequel tu préfères.
- **Attention !** Ces mots interrogatifs portent un **accent écrit**, dans l'interrogation directe ou indirecte. Par ailleurs, seul ***qué*** est invariable.

★ 1 Mets au pluriel les questions suivantes.

1. ¿Cuánto quiere? → ....
2. Dime cuál es. → ....
3. ¿Quién es? → ....
4. ¿Con quién vas? → ....
5. No sé cuánto es. → ....

SCORE ..../ 5

ATTENTION
Tu dois mettre au pluriel tous les mots soulignés.

★★ 2 Complète le texte avec les mots interrogatifs qui conviennent.

La clase de geografía

PROFESOR: ¿............ es el río más importante de España? ¿............ lo sabe?

ELENA: Yo lo sé; es un río que es muy largo y que se llama el Ebro.

PROFESOR: ¿Sabéis .... es el nombre del pico más alto?

SOFÍA: Sé que no está en la Península y que mide más de 3.000 metros.
Por favor ¿............ letras tiene su nombre?

PROFESOR: Este nombre tiene 5 letras. Es un nombre que empieza por la letra «T» y que termina por la «E».

SOFÍA: Ahora recuerdo que es el Teide.

PROFESOR: Muy bien; ahora ¿............ quiere dibujar el mapa en la pizarra (*le tableau*)?

PEDRO: Yo.

PROFESOR: Los demás, coged vuestro cuaderno.

JUANJO: ¿............ cuaderno?

PROFESOR: ¡El verde, claro!

SCORE ..../ 6

COUP DE POUCE
Le professeur interroge les élèves sur la géographie de l'Espagne.

ATTENTION
Qué est invariable. Les autres mots interrogatifs s'accordent.

Corrigés p. 6

TOTAL ..../ 11

LE GROUPE NOMINAL

10 Les nombres

Les adjectifs cardinaux de 0 à 9

0 cero 1 uno	2 dos 3 tres	4 cuatro 5 cinco	6 seis 7 siete	8 ocho 9 nueve

1 **Écris en toutes lettres les nombres cités dans les phrases.**

1. Estamos a 4 de marzo. → ....
2. Es la página 5. → ....
3. Son las 4 h 08. → ....
4. Somos 7 hoy. → ....
5. No tengo 9 años. → ....

SCORE ..../ 5

ATTENTION
Prends garde aux confusions avec l'orthographe française !

Les adjectifs cardinaux de 10 à 29

10 diez	15 quince	20 veinte	25 veinticinco
11 once	16 dieciséis	21 veintiuno	26 veintiséis
12 doce	17 diecisiete	22 veintidós	27 veintisiete
13 trece	18 dieciocho	23 veintitrés	28 veintiocho
14 catorce	19 diecinueve	24 veinticuatro	29 veintinueve

2 **Écris ces nombres en chiffres.**

1. veintisiete y veinte → .... y ....
2. catorce y cuatro → .... y ....
3. once y uno → .... y ....
4. trece y tres → .... y ....
5. veintidós y doce → .... y ....

SCORE ..../ 10

COUP DE POUCE
Rappelle-toi que les chiffres espagnols s'écrivent en un seul mot de 16 à 29 (*veintinueve*), ce qui n'est pas le cas en français (*vingt-neuf*).

Dizaines et centaines

- Voici les adjectifs cardinaux utilisés pour les dizaines.

10 diez 20 veinte 30 treinta	40 cuarenta 50 cincuenta 60 sesenta	70 setenta 80 ochenta 90 noventa

- Note qu'à partir de 30, on met ***y*** entre les dizaines et les unités.
  *Treinta **y** cuatro más cuarenta **y** tres son setenta **y** siete.*

- Les adjectifs cardinaux utilisés pour les centaines s'écrivent **en un seul mot.** Ils ont un féminin : *doscient**os** eur**os**, doscient**as** palabr**as**.*

100 ciento 200 doscientos	300 trescientos 400 cuatrocientos	500 **quinientos** 600 seiscientos	700 **setecientos** 800 ochocientos	900 **novecientos** 1000 mil

★★ 3 **Écris les nombres en toutes lettres.**

67 → ....

55 → ....

99 → ....

76 → ....

15 → ....

33 → ....

SCORE .... / 6

ATTENTION
Ne confonds pas *sesenta* (60) et *setenta* (70).

Les adjectifs ordinaux

1er primero 2e segundo	3e tercero 4e cuarto	5e quinto 6e sexto	7e séptimo 8e octavo	9e noveno 10e décimo

- Ces adjectifs **s'accordent en genre et en nombre** avec le nom qui suit.
  *los primer**os** pasos* (les premiers pas)
  *la quint**a** dimensión* (la cinquième dimension)
- À partir de 11, on utilise les adjectifs cardinaux.
  *el siglo XXI, el siglo **veintiuno*** (le vingt et unième siècle)

★★ 4 **Récris ces groupes nominaux en écrivant les nombres en toutes lettres.**

1. La 7ª maravilla del mundo → ....
2. El 5º continente → ....
3. El siglo XIV → ....
4. La 13ª calle a la derecha → ....
5. La 4ª persona → ....

SCORE .... / 5

ATTENTION
N'oublie pas que les adjectifs ordinaux s'accordent en genre et en nombre.

★★ 5 **Donne le prix de chaque objet.** (Écris les nombres en toutes lettres.)

1. Los esquíes valen ....
2. Las gafas valen ....
3. El traje vale ....

4. Las botas valen ....

SCORE .... / 4

COUP DE POUCE
N'oublie pas l'accord en genre et en nombre des centaines.

Corrigés p. 6 et 7

Plus d'exercices sur www.hatier-entrainement.com

TOTAL .... / 30

11 Les prépositions

Les prépositions a, *de* et *en*

- La préposition ***a*** :
  - indique un **déplacement vers** un autre endroit ;
    *Voy **a** Bilbao y usted va **a** Andalucía.* Je vais à Bilbao et vous allez en Andalousie.
    *Llega **al** puerto.* Il arrive au port. [*a* + *el* article = *al*]
  - se place devant un **complément d'objet direct de personne** ;
    *Vemos **a** Elena y **a** sus padres.* Nous voyons Elena et ses parents.
  - est obligatoire quand deux verbes se suivent et que le premier est un verbe de mouvement. *Voy **a** ver el partido.* Je vais voir le match.

- La préposition ***de*** :
  - indique la **provenance**, comme le « de » français ;
    *Llega **de** América ; viene **del** Perú.* Il arrive d'Amérique ; il vient du Pérou.
  - indique l'**appartenance** ;
    *Es el monedero **del** señor López.* C'est le porte-monnaie de monsieur López.
  - exprime la **matière** (« en, de ») ;
    *el jersey **de** lana* (le pull en laine), *la cazadora **de** cuero* (le blouson de cuir)
  - **caractérise** quelqu'un ou quelque chose ;
    *el hombre **del** coche rojo* (l'homme à la voiture rouge) (*de* + *el* article = *del*)
  - est utilisée pour dire une **date**.
    *Nació el 2 **de** mayo **de** 1990.* Il est né le 2 mai 1990.

- La préposition ***en*** indique l'**endroit où l'on est** ; elle exprime la permanence en un lieu (« en, dans, à »).
  *Estoy **en** Madrid.* Je suis à Madrid.
  *Estamos **en** el colegio.* Nous sommes au collège.
  *Me quedo **en** España.* Je reste en Espagne.

1 Complète le texte en ajoutant la préposition *a* ou *al*.

–¿Qué hacéis hoy? ¿Vais .... la playa o .... la piscina?

–Vamos .... zoo; primero vamos .... las jaulas de los monos y después .... estanque de las focas. Por la tarde iremos .... ver .... abuelo de Jorge.

ATTENTION
N'oublie pas : la contraction
a + *el* = *al*.

SCORE ..../ 7

2 Traduis en français la phrase ci-dessous.

Ahora las focas están en el fondo del agua.

....

INFO
una foca : un phoque

SCORE ..../ 3

3 Complète le texte en ajoutant la bonne préposition.

–¿Quién es este individuo .... la gorra azul?

–No es un policía: es el nuevo guardia .... zoo.

Llegó (*il est arrivé*) el tres .... septiembre ....

2015. Creo que es .... San José; San José es la

capital .... Costa Rica.

SCORE ..../ 6

COUP DE POUCE
Pense à répéter la préposition **de** dans le complément exprimant la date.

La préposition *con*

- La préposition **con** indique l'**accompagnement** (« avec »).
  Estoy paseando ***con*** *mi hermanito.*
  Je me promène avec mon petit frère.

4 Tu as la réponse : imagine la question qui a été posée.

–..

–Vamos con nuestra profesora.

SCORE ..../ 2

ATTENTION
N'oublie pas la ponctuation et l'accent sur le mot interrogatif.

Les prépositions *para* et *por*

- La préposition ***para*** :
  - permet d'exprimer essentiellement la destination, le **but** (« pour ») ;
    Este regalo es ***para*** *ti.* Ce cadeau est pour toi.
  - indique aussi la **direction** (« à, vers »).
    Voy ***para*** *Toledo.* Je vais à Tolède (en direction de Tolède).
- La préposition ***por*** :
  - permet surtout d'exprimer la **cause**, un **sentiment**, le destinataire d'un sentiment (« à cause de, pour, par ») ;
    Te felicito ***por*** *tu éxito.* Je te félicite pour ton succès.
    por *amor* ***por*** *ti* (par amour pour toi)
  - s'utilise pour un **déplacement à l'intérieur** d'un lieu (« à travers, sur »).
    Me gusta pasear ***por*** *la avenida.* J'aime me promener sur l'avenue.

5 Complète les phrases suivantes avec *por* ou *para*.

1. Pasan .... los Pirineos .... ir a España.
2. Trabaja .... pagar su viaje a América.
3. Siento una gran simpatía .... este país.
4. Necesito un coche .... visitar la región.
5. El taxi entra .... la Puerta de Alcalá.

SCORE ..../ 6

COUP DE POUCE
Pour chaque complément, demande-toi s'il exprime un but, une direction (*para*), une cause, le destinataire d'un sentiment ou un déplacement dans un lieu précis (*por*).

Corrigés p. 7

TOTAL ..../ 24

12 Être : *ser* ou *estar* ?

Ser

- Formes de ***ser*** à l'indicatif présent : ***soy, eres, es, somos, sois, son***.
- ***Ser*** s'emploie :
  - devant un **nom** ;

    El clavel ***es*** *la flor preferida de Mari Carmen.*
    L'œillet est la fleur préférée de Mari Carmen.
  - devant un **chiffre** ;

    Somos *veinticuatro.* Nous sommes vingt-quatre.
  - pour traduire « c'est ... » (c'était..., ce sera..., ce fut...).

    Es *la primavera.* C'est le printemps.
    Pronto ***serán*** *las vacaciones.* Ce seront bientôt les vacances.

1 Traduis les phrases suivantes.

1. C'est l'été. → ....
2. Il est dix heures. → ....
3. Pierre est mon frère. → ....
4. Nous sommes cinq. → ....
5. Il est une heure. → ....

SCORE .... / 5

COUP DE POUCE
Phrases 2 et 5 : le verbe s'accorde toujours en nombre dans l'expression de l'heure.

Estar

- Formes de ***estar*** à l'indicatif présent : ***estoy, estás, está, estamos, estáis, están***.
- ***Estar*** s'emploie devant un complément de lieu ou de temps. Il a le sens de « se trouver ».

  Estamos *en invierno y las golondrinas* ***están*** *en África.*
  Nous sommes en hiver et les hirondelles sont en Afrique.
  En verano, la gente ***está*** *en la playa.* En été, les gens sont à la plage.

2 Complète les phrases avec *ser* ou *estar* au présent de l'indicatif.

1. Hoy .... sábado y (yo) .... en la plaza.
2. Espero a mis compañeros; .... seis en la pandilla (*la bande*).
3. .... las cuatro de la tarde, vamos al campo de fútbol.
4. El campo no .... lejos (*loin*).

SCORE .... / 5

ATTENTION
N'oublie pas l'accent écrit sur le verbe *estar*.

3 Complète le texte en ajoutant *ser* ou *estar* selon le sens.

.... la una de la tarde. Manuel .... en la calle con su perro. Sonia, que .... su hermana mayor, ... en el balcón. Ahora .... las dos: .... la hora de comer. Diez minutos más tarde .... todos en la cocina: Manuel ....

COUP DE POUCE
Vérifie que tu as employé six fois *estar*.

a la derecha de su padre y su hermana .... a la izquierda. El perro no puede entrar; .... en el pasillo (*couloir*).

SCORE ..../ 10

Ser ou *estar* + adjectif qualificatif

- On emploie ***ser*** si l'adjectif exprime une **caractéristique essentielle**.

  Soy *bajo y rubio.* Je suis petit et blond.

- On emploie ***estar*** si l'adjectif présente un **aspect accidentel**, un état passager.

  Estoy *triste.* Je suis triste.
  Está *enfermo.* Il est malade.
  Estáis *enfadados.* Vous êtes fâchés.
  Estás *tranquilo.* Tu es tranquille.
  Estamos *inquietos.* Nous sommes inquiets.
  Están *sorprendidos.* Ils sont surpris.

★ 4 Relie avec des flèches les noms et les adjectifs.

el aburrimiento •	• estar enamorado
la alegría •	• estar sorprendido
el amor •	• estar alegre
la decepción •	• estar aburrido
el horror •	• estar decepcionado
la sorpresa •	• estar horrorizado

SCORE ..../ 6

INFO
- *el aburrimiento* : l'ennui
- *la alegría* : la joie
- *el amor* : l'amour
- *la decepción* : la déception
- *el horror* : l'horreur
- *la sorpresa* : la surprise

★ 5 *¿Cómo está?* En t'aidant de l'exercice n° 4, écris sous chaque dessin l'expression qui convient. (Le verbe sera à la 3e pers. du sing.)

ATTENTION
Prends garde aux accords (masculin ou féminin) !

1. ....

2. ....

3. ....

★★ 6 Complète avec *ser* ou *estar*.

–No entiendo por qué este perro .... tan alegre hoy.

–Yo .... sorprendido; normalmente .... un perro tranquilo.

–Su dueño no .... en casa. .... de vacaciones y no sé cuándo volverá (*il reviendra*).

–Los perros .... muy sensibles, comprenden más que nosotros.

–¿Piensas tú que el perro siente que su amo (*maître*) no .... lejos?

– .... seguro de que su amo .... muy cerca y que ya no .... las vacaciones.

SCORE ..../ 10

COUP DE POUCE
La phrase 4 exprime une généralité non contestable dans le contexte : l'emploi de *ser* est obligatoire.

Corrigés p. 7 et 8

TOTAL ..../ 36

13 Le présent (1) : les verbes réguliers

Formes des verbes réguliers

- Il y a trois groupes de verbes en espagnol : les verbes en *-ar*, en *-er* et en *-ir*.

	cantar (*chanter*)	**comer** (*manger*)	**subir** (*monter*)
(yo)	canto	como	subo
(tú)	cantas	comes	subes
(él, ella, usted)	canta	come	sube
(nosotros, nosotras)	cantamos	comemos	subimos
(vosotros, vosotras)	cantáis	coméis	subís
(ellos, ellas, ustedes)	cantan	comen	suben

- Forme des verbes pronominaux :
llamarse : **me** *llamo*, **te** *llamas*, **se** *llama*, **nos** *llamamos*, **os** *llamáis*, **se** *llaman*.

ATTENTION
La deuxième personne du pluriel porte toujours un accent écrit.

1 **Complète le tableau ci-dessous.**

	él	yo	nosotros	tú	ellos	vosotros
visitar	visita	visito	visitamos	visitas	visitan	visitáis
vivir	vive	vivo	vivimos	vives	viven	vivís
comer						
observar						
existir						
estudiar						
leer						

SCORE .... / 30

ATTENTION
Les deux dernières formes avec *vosotros* présentent une succession de trois voyelles.

2 **Souligne les neuf verbes conjugués du texte et donne leur infinitif.**

La abuela de Nina vive en otro barrio (*quartier*); cada domingo Nina visita a su abuela; en su casa conviven también un perro y dos gatos; el blanco se llama Coco y el negro Curro; no existen otros gatos tan divertidos. El perro mira todo el día los juegos de los gatos; no ladra (*aboyer*), excepto cuando los gatos comen en su plato o intentan alcanzar (*atteindre*) el pez rojo de la pecera (*l'aquarium*).

....

....

....

SCORE .... / 9

COUP DE POUCE
Pour trouver l'infinitif du verbe, il faut observer sa terminaison.

3 **Complète les phrases en mettant au présent les verbes donnés entre parenthèses.**

Mi lección de historia

1. Yo te .... (explicar) mi lección de historia.

2. La historia .... (pasar) en 1492.

COUP DE POUCE
Dans ces phrases, les sujets sont toujours exprimés, ce qui facilite l'accord des verbes.

3. Tres barcos .... (navegar).

4. Es de noche; los marineros .... (descubrir) una tierra.

5. Alguien .... (preguntar).

6. Muchos .... (subir) al palo (*le mât*).

7. Hay tres que .... (dejar : *quitter*) el barco.

8. Otros más .... (nadar).

9. Otro no .... (hablar): se llama Cristóbal Colón.

SCORE ..../ 9

4 Mets les verbes au présent à la forme qui convient.

1. Entre las dos soluciones, tú .... (decidir : *décider*).
2. Hoy vosotros .... (describir : *décrire*) la foto de la página 12.
3. José .... (escuchar) y vosotros .... (escribir).
4. Elena y Sara .... (preparar) sus respuestas.
5. Iñaki y yo .... (observar).
6. Usted .... (contestar).

SCORE ..../ 7

COUP DE POUCE
Vérifie que tu as employé deux fois la terminaison -ís des verbes du 3e groupe à la 2e personne du pluriel.

5 Complète le texte en mettant les verbes au présent.

Nina rentre du collège ; voici son emploi du temps de la soirée.

Nina no .... (llegar) tarde a casa. .... (Coger) el autobús n° 3 y .... (tardar) solo 12 minutos. Su madre, que no .... (trabajar), la .... (esperar):

–¿.............. (tomar) zumo de naranja o chocolate?

– .... (tomar) zumo. Nina .... (beber) chocolate por la mañana, antes de ir al cole. Su madre le .... (permitir) ver la tele hasta las seis. Es cuando .... (llegar) su hermano mayor que ya .... (trabajar) en un banco de Barcelona. Después Nina .... (preparar) sus tareas escolares: .... (leer) la lección de historia, ... (escribir) un poco de francés y .... (repasar : *réviser*) las matemáticas. No .... (escuchar) música cuando .... (estudiar). .... (Cenar) a las nueve. Después .... (subir) a su habitación y .... (leer) un poco.

ATTENTION
Les verbes changent de personne dans la partie dialoguée.

SCORE ..../ 20

Plus d'exercices sur www.hatier-entrainement.com

Corrigés p. 8

TOTAL ..../ 75

14 Le présent (2) : les verbes qui diphtonguent

Formes des verbes qui diphtonguent

pensar (e → ie) (penser)	volver (o → ue) (revenir)	jugar (u → ue) (jouer)
pienso	vuelvo	juego
piensas	vuelves	juegas
piensa	vuelve	juega
pensamos	volvemos	jugamos
pensáis	volvéis	jugáis
piensan	vuelven	juegan

- Les verbes qui diphtonguent ont des **terminaisons régulières**.
- La voyelle de leur radical se dédouble : *e → ie* *o → ue* *u → ue*
  – aux trois personnes du singulier et à la troisième personne du pluriel ;
  – au présent de l'indicatif, au présent du subjonctif et à l'impératif.

1 Souligne la voyelle qui diphtongue et forme la 3e personne du singulier du présent de l'indicatif.

1. acordarse (*se souvenir*) → ....
2. cerrar (*fermer*) → ....
3. empezar (*commencer*) → ....
4. negar (*nier, refuser*) → ....
5. encender (*allumer*) → ....
6. entender (*comprendre*) → ....
7. sentarse (*s'asseoir*) → ....
8. contar (*raconter*) → ....
9. merendar (*goûter*) → ....
10. encontrar (*trouver*) → ....
11. moverse (*bouger*) → ....
12. acostarse (*se coucher*) → ....

SCORE .... / 12

ATTENTION
Il y a quatre verbes pronominaux qui se conjuguent comme *llamarse*.

2 Conjugue les verbes entre parenthèses au présent de l'indicatif.

Antes de ir al cole

Por la mañana, yo .... (despertarse) a las siete. No .... (encender) la luz porque no .... (querer) despertar a mi hermanita y .... (empezar) a vestirme. A veces no .... (acordarse) de dónde están mis calcetines porque .... (soler) tirarlos cuando .... (acostarse). Nunca lo .... (recordar).

Cuando salgo de mi habitación no .... (cerrar) la puerta porque ya .... (venir) el autobús. La clase .... (comenzar) a las ocho.

SCORE .... / 11

INFO
- *despertar* : réveiller
- *a veces* : parfois
- *mis calcetines* : mes chaussettes
- *soler* : avoir l'habitude de...
- *tirar* : jeter

★★ 3 Complète avec des verbes au présent de l'indicatif. Aide-toi des dessins et des verbes à diphtongue étudiés dans cette unité.

1. Los niños .... un fuego.

4. La abuela .... una historia.

2. Los alumnos .... en el patio.

5. ¡ .... mucho en la discoteca!

3. Los abuelos .... en el banco.

6. ¡Esos niños .... muy tarde!

COUP DE POUCE
Tu peux utiliser les verbes : *encender, contar, merendar, moverse, sentarse, acostarse.*

SCORE .... / 6

★★ 4 Recopie le texte en mettant les verbes au présent de l'indicatif.

Las cuatro estaciones

En otoño (llover) y los ancianos del pueblo ya no (sentarse) en los bancos. En invierno (nevar) y ya no (poder) salir de casa. En primavera (volver) el calor y los ancianos (encontrarse) cerca de la fuente de la plaza. Cuando (venir) el verano, (soler) sentarse a la sombra de los árboles.

....

....

....

....

ATTENTION
Tous les verbes de cet exercice diphtonguent.

SCORE .... / 8

Corrigés p. 8 et 9

TOTAL .... / 37

15 Le présent (3) : les verbes irréguliers

Formes des verbes irréguliers

ir (*aller*)	**dar** (*donner*)	**ver** (*voir*)	**saber** (*savoir*)	**hacer** (*faire*)	**poner** (*mettre*)	**traer** (*apporter*)
voy	doy	veo	sé	hago	pongo	traigo
vas	das	ves	sabes	haces	pones	traes
va	da	ve	sabe	hace	pone	trae
vamos	damos	vemos	sabemos	hacemos	ponemos	traemos
vais	dais	veis	sabéis	hacéis	ponéis	traéis
van	dan	ven	saben	hacen	ponen	traen

salir (*sortir*)	**tener** (*avoir*)	**venir** (*venir*)	**caer** (*tomber*)	**oír** (*entendre*)	**valer** (*valoir*)	**caber** (*tenir*)
salgo	tengo	vengo	caigo	oigo	valgo	quepo
sales	tienes	vienes	caes	oyes	vales	cabes
sale	tiene	viene	cae	oye	vale	cabe
salimos	tenemos	venimos	caemos	oímos	valemos	cabemos
salís	tenéis	venís	caéis	oís	valéis	cabéis
salen	tienen	vienen	caen	oyen	valen	caben

- La **première personne du singulier** de ces verbes est irrégulière.
- **Attention !** *Tener* et *venir* sont irréguliers à la première personne et diphtonguent (voir unité 14).

1 Réponds à la première personne du singulier aux questions suivantes.

1. ¿Sabes? → Sí, ...
2. ¿Vas? → ....
3. ¿Haces? → ....
4. ¿Sales? → ....
5. ¿Tienes? → ....
6. ¿Pones? → No, ...
7. ¿Das? → ....
8. ¿Ves? → ....
9. ¿Traes? → ....
10. ¿Cabes? → ....

SCORE ..../ 10

ATTENTION Fais tout particulièrement attention à la 1re personne du singulier du verbe *saber*.

2 Elena et María discutent à la sortie du cours. Complète leur dialogue avec les formes verbales qui conviennent.

MARÍA: ¿Adónde .... (ir, vosotros) después de clase?

ELENA: Arturo .... (querer) ir a casa, pero Juan .... (venir) conmigo a la sala de estudio. ¿............ (venir, tú) con nosotros?

MARÍA: No, nunca .... (hacer) mis deberes por la tarde. Yo .... (ir) a ver la última película de Almodóvar ; .... (saber, yo) que la actriz es Penélope Cruz.

SCORE ..../ 7

COUP DE POUCE Le pronom personnel sujet est donné dans la plupart des cas pour aider à la compréhension et au choix des personnes. Attention ! Il y a deux verbes qui diphtonguent.

Chouette

4e

13-14 ANS

Le guide

Espagnol

- **Les corrigés des exercices**
  Tous les corrigés détaillés, avec des explications complémentaires
- **Les scripts des podcasts audio**
  Des podcasts en téléchargement sur le site, pour s'entraîner à l'oral
- **Des infos parents**
  Au centre du livret, des informations sur le programme et des conseils pour aider votre enfant dans son travail

Hatier

TEST (pages 4 et 5)

LE GROUPE NOMINAL

1. Sara es *una* de *las* hijas de *la* señora López. Se levanta a *las* siete de *la* mañana y toma *el* autobús n°13 para ir a *la* escuela. • **2.** los hombres – las mujeres – los colegiales – las voces • **3.** las niñas tristes – las famosas reinas • **4.** "–*Yo* me llamo Jorge y *usted*, señor, ¿cómo se llama?" • **5.** "–Juan, el libro es para *ti* y los cuadernos son para *vosotras*, Elena y Julia." • **6.** mi – su – nuestro – sus – tu • **7.** esta flor, aquí – aquellas montañas, allá/allí • **8.** El personaje de *quien* hablas es don Quijote. El gordo *que* le acompaña es Sancho Panza. • **9.** ¿Cuáles son tus apellidos? – ¿De qué vamos a hablar? • **10.** mil quinientos cinco • **11.** *Para* ir *a* la playa pasamos *por* la casa *de* Ana. Si está *en* casa puede venir *con* nosotros.

LE GROUPE VERBAL

12. *Son* las siete. *Es* la hora de levantarse. (Yo) *estoy* inquieto: hoy *es* el día del examen.
13. salís – trabajamos – os llamáis – estudiáis – subimos
14. empezar – sentirse – moverse – volver – acordarse
15. veo – vengo – voy
16. *Eran* las nueve de la noche; Rafa *iba* al cine; *veía* una película; luego *volvía* a casa y se *acostaba*.
17. dibujé – escribieron – aprendisteis – fuimos – estuvo
18. hablaré, hablaría – diré, diría – tendré, tendría – seré, sería
19. cantes – vaya – subáis – haga – haya
20. no corras – no toméis – no vengáis – no pongamos
21. estado, estando – escrito, escribiendo – puesto, poniendo
22. *He* visto los dos pandas venidos de China: *estaban* durmiendo. Este animal *es* protegido.
23. A él no le gusta el jamón.
24. Necesitas comer más; hay que comer.
25. En septiembre *suelen caer* las hojas.

LA PHRASE

26. *Nadie* sale a la calle. *No* vamos al cole *tampoco*. Nieva: cuando nieva *nunca* vamos al cole. • **27.** qué – quién – cómo – cuándo – dónde – cuánto – cuál • **28.** ¡Qué civilización tan desarrollada!

1 Les articles

1

Noms masculins	Noms féminins
el perro	la abuela
el gato	la hija
el señor	la prima
el campo	la nieta
	la ciudad

EXPLICATION
Tous ces noms désignent des êtres ou des choses identifiés par le locuteur. C'est pourquoi on emploie des articles définis.

2 **1.** El nieto de la señora Rodríguez tiene ocho años. • **2.** La casa de mi padre es la última casa de la calle. • **3.** Es la casa del hermano de Carmen. • **4.** El señor López vive en la calle Constancia. • **5.** El hermanito de Pedro va a la escuela a la una y media. • **6.** Cuando la clase termina a la una, Ramón va a casa de Antonio. • **7.** Francia es más grande que España.

EXPLICATION
Devant les noms de pays (*Francia* et *España*, dans la phrase 7) et devant le nom *casa* précédé de la préposition *a* (phrase 6), on n'emploie pas d'article.

3 –¿Tiene usted Ø discos de música tecno?
–Sí, tengo Ø discos de toda clase.
–Quisiera también un disco de música pop y un disco de música clásica.
–¿Es para ti?
–No, el primero es para una amiga y el otro para mis padres; ellos solo escuchan Ø música clásica.

EXPLICATION
▸ Dans la première question et la réponse, ils ne peuvent pas préciser la quantité de disques. Cela explique l'absence d'article.
▸ Devant l'expression *música clásica*, qui désigne une réalité qu'on ne peut pas compter ou mesurer, on ne met pas d'article.

2 Le nom

1

Noms masculins	Noms féminins
el primo el señor el hombre el soltero el suegro	la hija la mujer la hermana la abuela la anciana

EXPLICATION
Les noms *mujer* et *hombre* ne se terminent pas par *o* ou *a* ; c'est le sens qui indique leur genre.

2 **1.** chaval → los chavales • **2.** hermana → las hermanas • **3.** padre → los padres • **4.** reunión → las reuniones • **5.** adulto → los adultos • **6.** anciano → los ancianos

3 **1.** Miguelito es el hijo de don Paco. • **2.** Las hermanas de Miguelito son Ana y Elena. • **3.** Los apellidos de Miguelito son Ortega Sanz. • **4.** La mujer de don Paco es de Bolivia. • **5.** Los bolivianos viven en América Latina.

EXPLICATION
Comme en français, l'accord de l'article se fait en genre (masculin/féminin) et en nombre (singulier/pluriel).

4 **1.** La hermana de Pablo es madrileña.
→ Las hermanas de Pablo son madrileñas.
2. Las casas tienen balcones.
→ La casa tiene un balcón.
3. La torre del castillo es alta.
→ Las torres de los castillos son altas.
4. Las plantas tienen raíces.
→ La planta tiene una raíz.

5

	Sí	No
1. Miguelito es un chaval que tiene dos hermanas.	×	
2. La madre de Miguelito es española.		×
3. Pablo tiene una hermana que es de Madrid.	×	

6

A	H	E	R	M	A	N	O	S	L	E
S	E	Ñ	O	R	E	S	M	O	D	U
S	R	A	C	T	R	I	Z	O	V	H
U	M	X	T	I	L	U	I	E	S	I
T	A	M	H	I	J	O	S	J	E	J
A	N	C	O	L	E	G	I	A	L	A
D	A	C	M	U	J	E	R	S	A	S
I	S	N	B	A	T	W	I	A	A	P
R	N	O	R	E	I	N	A	M	S	T
L	E	Y	E	S	P	R	I	M	O	B

EXPLICATION
Il ne faut pas oublier que les noms masculins ou féminins terminés par une consonne prennent *-es* au pluriel (*señores, leyes*). Le nom *leyes* signifie « lois ».

3 L'adjectif qualificatif

1 **1.** La tía de Juanito es española. • **2.** La niña tiene una perra inteligente. • **3.** La señora de Las Cuevas no es italiana. • **4.** La alumna es francesa. • **5.** La profesora no parece contenta.

2 *Otoños*
Los campos están tristes; los olivos, también; las casas tienen colores de cenizas; en los patios los ruiseñores ya no cantan, las aguas tampoco.

EXPLICATION
Colores et *ruiseñores* sont des mots terminés par une consonne. Au pluriel, il faut ajouter *-es*.

3

lento → lentamente normal → normalmente inmediato → inmediatamente	inútil → inútilmente trágico → trágicamente rápido → rápidamente

1. Ven aquí inmediatamente, le dice el director. • **2.** Normalmente el trigo se corta en julio. • **3.** No era rápido; no andaba rápidamente sino lentamente. • **4.** Un accidente...; murió trágicamente. • **5.** Lo haces para nada; lo haces inútilmente.

EXPLICATION
Les adjectifs qualificatifs comme *frágil, pobre...* gardent la même forme au féminin. Il faut ensuite ajouter *-mente* pour former l'adverbe.

4 **1.** Los abuelos y los padres (viejos, +) → Los abuelos son más viejos que los padres.
2. Ana y Teresa (sonriente, =) → Ana es tan sonriente como Teresa.
3. Mónica y Ana (rubia, =) → Mónica es tan rubia como Ana.
4. La madre y el padre (severa, –) → La madre es menos severa que el padre.
5. Los hijos y los padres (divertidos, +) → Los hijos son más divertidos que los padres.

4 Les pronoms personnels sujets

1

	desayun**ar**	com**er**	discut**ir**
yo	desayuno	como	discuto
tú	desayunas	comes	discutes
él, ella, usted	desayuna	come	discute
nosotros, nosotras	desayunamos	comemos	discutimos
vosotros, vosotras	desayunáis	coméis	discutís
ellos, ellas, ustedes	desayunan	comen	discuten

EXPLICATION
Quand le verbe est conjugué à la 3e personne, on a le choix entre trois pronoms sujets (singulier : *él, ella, usted* ; pluriel : *ellos, ellas, ustedes*).

2 **1.** tú aprendes
2. ellos, ellas, ustedes enseñan
3. vosotros, vosotras ayudáis
4. yo bailo
5. él, ella, usted barre
6. yo subo

3 *Un père s'adresse à son fils.*
EL PADRE: Yo puedo decirte que con las notas que tú sacas en el colegio, nosotros estamos muy satisfechos, tu madre y yo. Pero tú no puedes olvidar que si tú quieres la bici para el verano tú tienes que seguir estudiando así.
EL HIJO: Ya sabes tú, papá, que la playa está a 5 kilómetros; yo necesito la bici; si vosotros no me la compráis, yo no podré acompañar a mis amigos.

EXPLICATION
Le pronom sujet est une forme d'insistance. Son emploi n'est pas obligatoire.

4 –¡Hola! ¿Qué tal está? ¿Busca un tesoro?
–¡No! Cavo para plantar olivos.
–¿Quiere ser aceitunero?
–¡No! Usted tiene más sombra que yo.
–Entiendo: planta olivos porque no puede plantar sombra.
–Ahora lo entiende perfectamente.

EXPLICATION
Tú tienes devient *Usted tiene*. On garde la forme d'insistance.

5 Les pronoms personnels compléments

1 *Por teléfono*
–¡Oiga! ¿Me oyes?
–Sí, te oigo bien.
–¿Cuándo nos vemos para preparar la salida del fin de semana?
–Te propongo el jueves por la tarde.
–De acuerdo; no lo repetiré, es una sorpresa: el domingo es el cumpleaños de mi hija.
–Adiós; te llamaré otra vez el miércoles.

EXPLICATION
Dans *no lo repetiré*, le pronom *lo* fait référence à l'ensemble de la conversation.
Si on avait écrit *le*, le pronom aurait renvoyé à *mi hija*, ce qui n'est pas du tout le sens de la phrase.

2 **1.** Visitamos la región. → La visitamos.
2. El guía da un folleto a los visitantes. → El guía les da un folleto.
3. Andrés tiene las llaves. → Andrés las tiene.
4. Abrimos la puerta. → La abrimos.
5. Ana observa los torreones. → Ana los observa.
6. Milagros mira las rejas. → Milagros las mira.
7. Isidoro enseña los calabozos. → Isidoro los enseña.
8. Ricardo explica el programa a su novia. → Ricardo le explica el programa.
9. Los amigos terminan la visita. → Los amigos la terminan.
10. Compran un recuerdo. → Lo compran.

3 **1.** Habla siempre de <u>su padre</u>. → Habla siempre de él.
2. Es una fiesta para <u>Juan y Felipe</u>. → Es una fiesta para ellos.
3. Benito y su hermano hablan siempre de <u>vuestros padres</u>. → Benito y su hermano hablan siempre de ellos.
4. Quiero vivir con <u>mis hermanos</u>. → Quiero vivir con ellos.
5. Piensa en <u>su abuela</u>. → Piensa en ella.

4 *Lotería*
El número doce gana un reloj; es para usted, señor.
El veintitrés gana un televisor; es para vosotros, alumnos de la clase de primero de la Eso.
El ciento cuarenta gana un microondas; la señora Martínez no está; es para ella, pero lo guardo conmigo de momento.
El trece, ¡yo tengo el trece! Es para mí, señoras y señores. A mí me toca el gordo: ¡un móvil!

EXPLICATION
Remarque la juxtaposition de *mí* et de *me* dans la tournure emphatique *a mí me toca...*

6 Les possessifs

1 **1.** Es la amiga de Encarna. → Es su amiga.
2. Son los padres de los señores Sánchez.
→ Son sus padres.
3. Son los profesores de Agustín.
→ Son sus profesores.
4. Es la abuela de Isabel. → Es su abuela.
5. Es la familia del director. → Es su familia.

2 *Dans le bureau du directeur*
– Bonjour, monsieur le directeur.
– Bonjour. Vous venez inscrire votre fille au collège ? Elle est nouvelle ?
– Oui, elle s'appelle Mercedes, comme sa grand-mère ; avant, nous habitions tous à Vigo.
– Quelle est votre adresse maintenant ?
– La mienne ?
– Oui, la vôtre, s'il vous plaît.
- 22 Avenue Juan Carlos Ier, Pontevedra.

3 **1.** El armario es mi armario. → Es el mío.
2. La cama no es mi cama. → No es la mía.
3. Los estantes no son mis estantes. → No son los míos.
4. Los bolígrafos son de Sonia. → Son los suyos.
5. El cuadro es de mi padre. → Es el suyo.
6. El pijama es tu pijama. → Es el tuyo.
7. El sillón es nuestro sillón. → Es el nuestro.
8. Las sillas no son vuestras sillas.
→ No son las vuestras.
9. Las chaquetas son de mis hermanos.
→ Son las suyas.
10. Señor, ¿el despacho rojo es su despacho?
→ ¿Es el suyo?

EXPLICATION
Remarque dans les phrases 5 et 10 le double sens de *Es el suyo* : c'est le sien/le vôtre.

7 Les démonstratifs

1 **1.** Esa isla que se ve ahí.
2. Aquellos árboles que se ven allí/allá.
3. Aquellas nubes que se ven allí/allá.
4. Esta flor que se ve aquí/acá.
5. Esa playa que se ve ahí.

2 **1.** Se ve una luz, allá. <u>La</u> luz brilla.
→ Aquella luz brilla.
2. Se ve un faro, ahí. <u>El</u> faro ilumina el mar.
→ Ese faro ilumina el mar.
3. Se ven barcos, allí. <u>Los</u> barcos navegan.
→ Aquellos barcos navegan.
4. Es el velero de mi padre, aquí. <u>El</u> velero es nuevo.
→ Este velero es nuevo.
5. Ahí, el puerto me parece pequeño. <u>El</u> puerto no es un puerto de pesca.
→ Ese puerto no es un puerto de pesca.

EXPLICATION
Il ne faut pas oublier d'accorder l'adjectif démonstratif avec le nom.

3 esta mesa
este estuche
estos libros
ese cartel
ese despacho
esa ventana
aquel patio de recreo
aquellos árboles

4 **1.** Aquella ola es gigantesca. → Aquella es gigantesca.
2. Este barco es hondureño. → Este es hondureño.
3. Estas redes sirven para la anchoa. → Estas sirven para la anchoa.
4. ¿Has venido con ese barco? → ¿Has venido con ese?
5. ¿Te gusta más esta playa o la otra? → ¿Te gusta más esta o la otra?

8 Les pronoms relatifs

1 *Nous étudions aujourd'hui une région qui s'appelle La Mancha et que don Quichotte a parcourue.*
Estudiamos hoy una región que se llama La Mancha y que don Quijote recorrió.

2 **1.** El país que visitamos es muy verde. *Le pays que nous visitons est très vert.*
2. Los turistas que llegan son extranjeros. *Les touristes qui arrivent sont étrangers.*
3. El señor a quien ves es espeleólogo. *Le monsieur que tu vois est spéléologue.*
4. Las personas de quienes hablamos son de Panamá. *Les personnes dont nous parlons sont de Panama.*
5. España es un país que tiene cuatro lenguas oficiales. *L'Espagne est un pays qui possède quatre langues officielles.*

EXPLICATION
Observe que, dans la phrase 4, *de quienes* se traduit en français par « dont » (= « desquelles »).

9 Pronoms et adjectifs interrogatifs

1 **1.** ¿Cuánto quiere? → ¿Cuántos quiere?
2. Dime cuál es. → Dime cuáles son.
3. ¿Quién es? → ¿Quiénes son?
4. ¿Con quién vas? → ¿Con quiénes vas?
5. No sé cuánto es. → No sé cuántos son.

2 *La clase de geografía*
PROFESOR: ¿Cuál es el río más importante de España? ¿Quién lo sabe?
ELENA: Yo lo sé; es un río **que** es muy largo y **que** se llama el Ebro.
PROFESOR: ¿Sabéis cuál es el nombre del pico más alto?
SOFÍA: Sé **que** no está en la Península y **que** mide más de 3.000 metros.
Por favor, ¿cuántas letras tiene su nombre?
PROFESOR: Este nombre tiene 5 letras. Es un nombre **que** empieza por la letra «T» y **que** termina por la «E».
SOFÍA: Ahora recuerdo **que** es el Teide.
PROFESOR: Muy bien; ahora ¿quién quiere dibujar el mapa en la pizarra?
PEDRO: Yo.
PROFESOR: Los demás, coged vuestro cuaderno.
JUANJO: ¿Qué cuaderno?
PROFESOR: ¡El verde, claro!

EXPLICATION
Attention à bien distinguer le pronom relatif *que* (en gras noir dans le corrigé), sans accent, et l'interrogatif *qué*, avec accent.

10 Les nombres

1 **1.** Estamos a 4 de marzo. → cuatro
2. Es la página 5. → cinco
3. Son las 4 h 08. → cuatro, cero, ocho
4. Somos 7 hoy. → siete
5. No tengo 9 años. → nueve

2 **1.** veintisiete y veinte → 27 y 20
2. catorce y cuatro → 14 y 4
3. once y uno → 11 y 1
4. trece y tres → 13 y 3
5. veintidós y doce → 22 y 12

EXPLICATION
Attention aux confusions possibles entre *veintisiete et veinte (i/e).*

3

67 → sesenta y siete
55 → cincuenta y cinco
99 → noventa y nueve
76 → setenta y seis
15 → quince
33 → treinta y tres

4 **1.** La 7ª maravilla del mundo → La séptima maravilla del mundo
2. El 5° continente → El quinto continente
3. El siglo XIV → El siglo catorce
4. La 13ª calle a la derecha → La calle trece a la derecha
5. La 4ª persona → La cuarta persona

5 **1.** Los esquíes valen quinientos cincuenta euros.
2. Las gafas valen treinta y dos euros.
3. El traje vale sesenta y cinco euros.
4. Las botas valen ciento cuatro euros.

EXPLICATION
Pense que le *y* ne se place qu'entre les dizaines et les unités. Dans « 104 », il n'y a pas de dizaine.

11 Les prépositions

1 –¿Qué hacéis hoy? ¿Vais a la playa o a la piscina?
–Vamos al zoo; primero vamos a las jaulas de los monos y después al estanque de las focas. Por la tarde iremos a ver al abuelo de Jorge.

EXPLICATION
La difficulté se trouve dans la dernière phrase : en espagnol la préposition *a* est obligatoire après le verbe de mouvement *ir* et devant le COD de personne (*abuelo*).

2 Ahora las focas están en el fondo del agua.
Maintenant les phoques sont au fond de l'eau.

EXPLICATION
La préposition *a* ne peut pas être employée ici puisqu'il n'y a pas d'idée de déplacement.

3 –¿Quién es este individuo de la gorra azul?
–No es un policía: es el nuevo guardia del zoo. Llegó el tres de septiembre de 2015. Creo que es de San José; San José es la capital de Costa Rica.

4 –¿Con quién vais?
–Vamos con nuestra profesora.

EXPLICATION
Quién est un pronom interrogatif mis pour *une personne* (voir unité 9).

5 **1.** Pasan por los Pirineos para ir a España.
2. Trabaja para pagar su viaje a América.
3. Siento una gran simpatía por este país.
4. Necesito un coche para visitar la región.
5. El taxi entra por la Puerta de Alcalá.

EXPLICATION
Dans les phrases 1, 2 et 4, *para* exprime le but. Dans les phrases 1 et 5, *por* exprime un déplacement à l'intérieur d'un espace précis et, dans la 3, il cible le destinataire d'un sentiment.

12 Être : *ser* ou *estar* ?

1 **1.** C'est l'été. → Es el verano.
2. Il est dix heures. → Son las diez.
3. Pierre est mon frère. → Pedro es mi hermano.
4. Nous sommes cinq. → Somos cinco.
5. Il est une heure. → Es la una.

2 **1.** Hoy es sábado y estoy en la plaza.
2. Espero a mis compañeros; somos seis en la pandilla.
3. Son las cuatro de la tarde, vamos al campo de fútbol.
4. El campo no está lejos.

3 Es la una de la tarde. Manuel está en la calle con su perro. Sonia, que es su hermana mayor, está en el balcón. Ahora son las dos: es la hora de comer. Diez minutos más tarde están todos en la cocina: Manuel está a la derecha de su padre y su hermana está a la izquierda. El perro no puede entrar; está en el pasillo.

EXPLICATION
Observe que *estar* peut être traduit ici par « se trouver ».

4

el aburrimiento → estar aburrido
la alegría → estar alegre
el amor → estar enamorado
la decepción → estar decepcionado
el horror → estar horrorizado
la sorpresa → estar sorprendido

5 **1.** está enamorado
2. está alegre
3. está sorprendida

EXPLICATION
Pour exprimer des états passagers, il faut employer ici *estar*.

6 –No entiendo por qué este perro está tan alegre hoy.
–Yo estoy sorprendido; normalmente es un perro tranquilo.
–Su dueño no está en casa. Está de vacaciones y no sé cuándo volverá.
–Los perros son muy sensibles, comprenden más que nosotros.
–¿Piensas tú que el perro siente que su amo no está lejos?
– Estoy seguro de que su amo está muy cerca y que ya no son las vacaciones.

13 Le présent (1) : les verbes réguliers

1

	él	yo	nosotros	tú	ellos	vosotros
visitar	visita	visito	visitamos	visitas	visitan	visitáis
vivir	vive	vivo	vivimos	vives	viven	vivís
comer	come	como	comemos	comes	comen	coméis
observar	observa	observo	observamos	observas	observan	observáis
existir	existe	existo	existimos	existes	existen	existís
estudiar	estudia	estudio	estudiamos	estudias	estudian	estudiáis
leer	lee	leo	leemos	lees	leen	leéis

2 La abuela de Nina vive en otro barrio; cada domingo Nina visita a su abuela; en su casa conviven también un perro y dos gatos; el blanco se llama Coco y el negro Curro; no existen otros gatos tan divertidos. El perro mira todo el día los juegos de los gatos; no ladra, excepto cuando los gatos comen en su plato o intentan alcanzar el pez rojo de la pecera.

vivir	llamarse	ladrar
visitar	existir	comer
convivir	mirar	intentar

EXPLICATION
À l'infinitif, le pronom réfléchi se trouve derrière le verbe (*llamarse*). On parle d'enclise.

3 *Mi lección de historia*

1. Yo te explico mi lección de historia.
2. La historia pasa en 1492.
3. Tres barcos navegan.
4. Es de noche; los marineros descubren una tierra.
5. Alguien pregunta.
6. Muchos suben al palo.
7. Hay tres que dejan el barco.
8. Otros más nadan.
9. Otro no habla: se llama Cristóbal Colón.

4 1. Entre las dos soluciones, tú decides.
2. Hoy vosotros describís la foto de la página 12.
3. José escucha y vosotros escribís.
4. Elena y Sara preparan sus respuestas.
5. Iñaki y yo observamos.
6. Usted contesta.

5 *Nina rentre du collège ; voici son emploi du temps de la soirée.*
Nina no llega tarde a casa. Coge el autobús n° 3 y tarda solo 12 minutos. Su madre, que no trabaja, la espera:
–¿Tomas zumo de naranja o chocolate?
–Tomo zumo.
Nina bebe chocolate por la mañana, antes de ir al cole. Su madre le permite ver la tele hasta las seis. Es cuando llega su hermano mayor que ya trabaja en un banco de Barcelona. Después Nina prepara sus tareas escolares: lee la lección de historia, escribe un poco de francés y repasa las matemáticas. No escucha música cuando estudia. Cena a las nueve. Después sube a su habitación y lee un poco.

EXPLICATION
Le verbe espagnol n'a pas besoin de pronom personnel sujet : la terminaison du verbe indique la personne (*coge* = **elle** prend).

14 Le présent (2) : les verbes qui diphtonguent

1 **1.** acordarse → se acuerda • **2.** cerrar → cierra • **3.** empezar → empieza • **4.** negar → niega • **5.** encender → enciende • **6.** entender → entiende • **7.** sentarse → se sienta • **8.** contar → cuenta • **9.** merendar → merienda • **10.** encontrar → encuentra • **11.** moverse → se mueve • **12.** acostarse → se acuesta

EXPLICATION
Au présent de l'indicatif des verbes pronominaux, tu dois mettre le pronom réfléchi devant le verbe.

2 *Antes de ir al cole*
Por la mañana, yo me despierto a las siete. No enciendo la luz porque no quiero despertar a mi hermanita y empiezo a vestirme. A veces no me acuerdo de dónde

están mis calcetines porque suelo tirarlos cuando me acuesto. Nunca lo recuerdo.
Cuando salgo de mi habitación no cierro la puerta porque ya viene el autobús. La clase comienza a las ocho.

3 **1.** Los niños encienden un fuego.
2. Los alumnos meriendan en el patio.
3. Los abuelos se sientan en el banco.
4. La abuela cuenta una historia.
5. ¡Se mueven mucho en la discoteca!
6. ¡Esos niños juegan muy tarde!

4 *Las cuatro estaciones*
En otoño llueve y los ancianos del pueblo ya no se sientan en los bancos. En invierno nieva y ya no pueden salir de casa. En primavera vuelve el calor y los ancianos se encuentran cerca de la fuente de la plaza. Cuando viene el verano, suelen sentarse a la sombra de los árboles.

15 Le présent (3) : les verbes irréguliers

1

1. ¿Sabes? → Sí, sé.
2. ¿Vas? → Sí, voy.
3. ¿Haces? → Sí, hago.
4. ¿Sales? → Sí, salgo.
5. ¿Tienes? → Sí, tengo.
6. ¿Pones? → No, no pongo.
7. ¿Das? → No, no doy.
8. ¿Ves? → No, no veo.
9. ¿Traes? → No, no traigo.
10. ¿Cabes? → No, no quepo.

2 MARÍA: ¿Adónde vais después de clase?
ELENA: Arturo quiere ir a casa, pero Juan viene conmigo a la sala de estudio. ¿Vienes con nosotros?
MARÍA: No, nunca hago mis deberes por la tarde. Yo voy a ver la última película de Almodóvar ; sé que la actriz es Penélope Cruz.

3 Mi hermana me trae un ramillete de flores. Le doy un beso y pongo las flores en un gran florero.
En primavera, ella sale de paseo con mis padres. Vemos muchas flores silvestres, ¡pero solo yo sé dónde están las más preciosas! No quiero decirte el secreto.

Infinitif	1re pers. sing.	3e pers. sing.	1re pers. plur.	3e pers. plur.
traer		trae		
dar	doy			
poner	pongo			
salir		sale		

Infinitif	1re pers. sing.	3e pers. sing.	1re pers. plur.	3e pers. plur.
ver			vemos	
saber	sé			
estar				están
querer	quiero			

EXPLICATION
Sé (verbe *saber*) porte un accent écrit et ne doit pas être confondu avec le pronom *se* (ex. : *se llama*).

4 – 5 verbes à la 1re pers. du sing. → voy, hago, oigo, vengo, sé.
– 5 verbes à la 3e pers. du sing. → oye, da, juega, sale, puede.
– 5 verbes à la 2e pers. du plur. → ponéis, oís, salís, venís, caéis.

v	o	y	a	h	a	g	o	o
p	o	n	é	i	s	o	c	i
o	s	v	e	n	í	s	a	g
í	a	e	o	y	e	i	é	o
s	l	j	u	e	g	a	i	s
u	í	p	u	e	d	e	s	a
a	s	o	i	a	d	a	u	l
v	e	n	g	o	s	é	i	e

5 –Este fin de semana yo voy al cine y vosotros ¿qué hacéis?
–Mi hermano y yo jugamos al bádminton en un club; tenemos dos horas cada sábado.
–Entonces no podéis salir conmigo.
–No, yo prefiero los deportes; te cuestan menos y te dan más satisfacción; yo encuentro a muchos amigos allí.
–Bueno, ahora yo sé lo que queréis; hasta el lunes...

EXPLICATION
Le sujet de *costar* et *dar* est sous-entendu et se trouve dans la phrase précédente (*deportes*).

16 L'imparfait

1

1. era
2. sabías
3. veía
4. iba
5. iban
6. caía
7. tenías
8. podía
9. salía
10. oía

e	r	a	v	e	í	a
s	t	e	n	í	a	s
a	p	i	b	a	n	s
b	o	c	e	i	o	a
í	d	a	o	b	í	l
a	í	í	a	a	u	í
s	a	a	o	í	a	a

2 **1.** Vamos a casa. (ir) → Íbamos a casa.
2. Pongo la televisión. (poner) → Ponía la televisión.
3. Marisol come un caramelo. (comer) → Marisol comía un caramelo.
4. Nosotros miramos el partido. (mirar) → Nosotros mirábamos el partido.
5. Mamá escucha la radio. (escuchar) → Mamá escuchaba la radio.
6. Lola, mi mejor amiga, lee. (leer) → Lola, mi mejor amiga, leía.
7. No pasa nadie por la calle. (pasar) → No pasaba nadie por la calle.
8. Esperamos el primer gol. (esperar) → Esperábamos el primer gol.

EXPLICATION
Dans la phrase 2, *ponía* est à la fois une 1re et une 3e personne du singulier (« je mettais/il mettait »). En cas de doute, on précisera le sujet : *yo ponía*.

3 Es sábado; cada fin de semana todos mis compañeros van a la playa, pero yo me quedo en casa. Desde el balcón miro el desfile de los coches que arrancan precipitadamente para ir a la costa; no quieren perder un minuto de sol, de arena y de mar. Menos mal que tengo a mi perro: él sí que quiere jugar conmigo. Los dos organizamos partidos de fútbol entre la cocina y el salón.

Era sábado; cada fin de semana todos mis compañeros iban a la playa, pero yo me quedaba (*je restais*) en casa. Desde el balcón miraba el desfile de los coches que arrancaban (*démarraient*) precipitadamente para ir a la costa; no querían perder un minuto de sol, de arena y de mar. Menos mal que tenía a mi perro: él sí que quería jugar conmigo. Los dos organizábamos partidos de fútbol entre la cocina y el salón.

EXPLICATION
Si *miraba* et *tenía* prêtent à confusion (1re ou 3e personne ?), on peut préciser le sujet : *yo miraba... yo tenía...*

4
1. Ayer era viernes, pero hoy es sábado.
2. Ayer hacía frío, pero hoy brilla el sol.
3. Ayer estaba en casa, pero hoy pasea por el parque.
4. Ayer estaba triste, pero hoy es feliz.

EXPLICATION
Ici, l'imparfait exprime la durée d'une action dans le passé.

17 Le passé simple

1 **1.** yo (preguntar) → pregunté • **2.** él (mirar) → miró • **3.** nosotros (viajar) → viajamos • **4.** ellos (escuchar) → escucharon • **5.** usted (salir) → salió • **6.** tú (conocer) → conociste • **7.** vosotras (aprender) → aprendisteis • **8.** ella (escribir) → escribió

EXPLICATION
Viajamos a la même forme au passé simple et au présent de l'indicatif.

2 **1.** él (salir) → salió • **2.** tú (ver) → viste • **3.** yo (pedir) → pedí • **4.** nosotros (ser) → fuimos

3 Tomamos un taxi, pero llegamos con retraso a la estación de Atocha. El empleado nos dio un billete para Sevilla y nos dijo la hora de salida del tren, pero nadie pudo oírlo por el ruido. Mi madre hizo lo posible para comprenderlo. Al final, pusimos las maletas en el primer vagón, subimos y el tren se puso en marcha. Cuando nos dimos cuenta, era demasiado tarde: ¡era el tren de Cáceres!

4 *Aventura en Sevilla*
Ayer la abuela nos contó una situación rara. La semana pasada Carlos y su familia decidieron ir a Sevilla a ver las procesiones del Viernes Santo. El viernes por la mañana Carlos cogió el AVE en Madrid. Su mujer viajó en avión. Por la noche, sus hijas utilizaron su propio coche. Aquel día llovió muchísimo. Todos llegaron con retraso a Sevilla. El AVE tardó 8 horas. El avión no pudo aterrizar. Nadie vio las procesiones. ¡Qué pena!

5 Carlos decidió buscar un hotel para pasar la noche. Encontramos uno en el casco antiguo. Era tranquilo y agradable. Cenamos y fuimos a dormir. Poco después, a la una de la noche, oímos tambores. Yo abrí la ventana y vi el desfile de los pasos y la marcha de los penitentes: andaban lentamente. La procesión duró más de dos horas.

INFOS PARENTS

© Phovoir

En quoi consiste l'enseignement de l'espagnol en deuxième année, au collège ? • Quelle est la part de l'oral ? • Quelle aide pouvez-vous apporter à votre enfant à la maison ? • Comment pratiquer l'espagnol en dehors du collège ?
Voilà autant de questions que vous vous êtes sans doute déjà posées et auxquelles ce supplément « Infos parents » tente d'apporter des réponses, les plus précises possible.

Quel est le programme en 2e année d'espagnol ?

L'enseignement de l'espagnol au collège vise à faire comprendre, parler, lire et écrire un espagnol usuel et contemporain.
L'élève apprend à s'impliquer dans des situations de communication adaptées à sa maturité et réalise des tâches qui vont de pair avec des acquisitions lexicales, grammaticales et culturelles.

Les activités de communication

L'apprentissage s'organise autour de **cinq types d'activités**.

La compréhension de l'oral

À partir de différents supports de courte durée, l'élève s'entraîne à distinguer les sons, les rythmes, les intonations de la langue parlée et à saisir le sens global d'un énoncé oral.

La compréhension de l'écrit

Les tâches proposées à l'élève doivent lui permettre d'avancer dans la compréhension d'un document écrit informatif ou narratif.

L'expression orale en interaction

L'élève doit être en mesure de participer à une conversation. Les activités portent sur des situations de la vie quotidienne ou font aussi appel à l'imaginaire. La production de l'élève peut être brève, comporter des hésitations, mais il doit réussir à se faire comprendre.

L'expression orale en continu

Dans la prise de parole en continu, les énoncés sont plus complets et la production de l'élève plus complexe que dans l'expression orale en interaction.

L'expression écrite

Le travail d'expression écrite se caractérise par des activités courtes et fréquentes. Il s'agit d'apprendre à construire des énoncés simples mais cohérents.

Les contenus culturels

S'appuyant sur des documents authentiques, l'étude de la langue donne accès aux cultures et aux réalités des **différents pays hispanophones**. La découverte de ces pays s'accompagne de l'acquisition de quelques repères spatio-temporels (géographie, histoire...).

Lexique et grammaire

L'appropriation et la mémorisation du vocabulaire s'effectuent en contexte, à partir des documents étudiés.
Si la communication est l'objectif prioritaire de l'élève, le travail s'accompagne aussi d'une **réflexion sur la langue**. En première année sont abordées les bases de la grammaire espagnole : les éléments du groupe nominal, les pronoms, le système verbal, la construction des phrases.

Comment interpréter la mention « niveau A1/A2 » ?

Cette mention fait référence au Cadre européen commun de référence pour les langues auquel est désormais adossé l'enseignement des langues en France.

Le Cadre européen commun de référence pour les langues ou CECRL distingue **différents niveaux de maîtrise de la langue** : A1-A2 / B1-B2 / C1-C2.
Il faut les décoder ainsi :

- la lettre A indique que l'élève a acquis un niveau d'utilisateur « élémentaire » ;
- la lettre B, un niveau « avancé » ;
- la lettre C, un niveau « autonome ».

Le niveau A1-A1+ correspond aux deux premières années d'espagnol et le niveau A2 à la troisième année.
En fin de scolarité au collège, les élèves doivent avoir validé au moins deux des cinq compétences au niveau A2.

Comment se déroule un cours d'espagnol ?

S'appuyant sur les unités du manuel, le travail en cours s'organise en séquences. Selon les compétences travaillées, les activités sont collectives, menées en petits groupes ou effectuées en autonomie.

Un travail en séquences

Une séquence correspond à une unité du manuel : l'enseignant y fait alterner les cinq activités de communication :

- **compréhension de l'oral**

L'élève s'entraîne à comprendre des documents sonores : conversation, court exposé, reportage, récit...

- **expression orale en interactivité**

L'élève apprend à engager un échange et à participer à une conversation, une discussion, une interview.

- **expression orale en continu**

L'élève s'habitue à reformuler, décrire une image, rendre compte d'un événement, exprimer ses goûts, son point de vue.

- **compréhension de l'écrit**

À partir de consignes précises, l'élève étudie différents types de textes : informatifs ou narratifs.

- **expression écrite**

L'élève s'exerce à rédiger, à passer du discours à l'écrit, qu'il s'agisse d'un compte rendu ou d'un écrit d'invention sous la forme d'une lettre, d'un récit, d'un dialogue.

Des activités en groupe ou en autonomie

Une activité peut se faire à l'intérieur du groupe classe, en petits groupes, en binômes ou même en autonomie. Les élèves peuvent travailler ensemble la même compétence ou, selon les besoins, chacun une compétence particulière à la demande du professeur. Quoi qu'il en soit, toutes les activités exigent une **participation active**.
Le cahier de cours sert à une prise de notes et aide aux révisions à la maison.

À partir de documents authentiques

L'apprentissage se fait à l'aide de supports authentiques des réalités espagnoles et hispano-américaines (l'espagnol est la langue de 21 pays) : affiches, articles de journaux, séquences de films, scénettes, extraits de romans..., le document étant un point d'appui propice aux **échanges** et à la **prise personnelle de parole**.
En étudiant ces documents en classe, l'élève découvre et apprend à reconnaître les caractéristiques humaines (cultures et civilisations), historiques (personnages et événements célèbres) et géographiques (diversité des pays) du **monde hispanophone**.

Quel travail doit-il faire à la maison ? Comment l'aider ?

L'enseignant d'espagnol donne toujours une « leçon » à apprendre, un « travail » à faire pour le cours suivant. Cette tâche est précisée sur le cahier de textes. Vérifiez que votre enfant l'a notée ! Car il est difficile de progresser sans un travail régulier.

Le travail en phase d'apprentissage

Réviser une première fois le soir même

Incitez votre enfant à revenir un instant, le soir même, sur le cours de la journée. Ce retour en arrière réactive les connaissances et **favorise la fixation des acquisitions**. La deuxième révision avant le cours suivant sera plus efficace.

Relire, mémoriser

Votre enfant aura pour premier réflexe de faire les tâches écrites données par l'enseignant (souvent les seules notées sur son agenda).
Faites-lui comprendre qu'il faut préalablement lire ou relire les textes étudiés, les éléments de leçon figurant dans son manuel ou sur le cahier.
Qu'il n'hésite pas à **apprendre par cœur** le texte et/ou à noter sur son cahier les mots et expressions-clés : seule cette pratique permet de mémoriser durablement le lexique et les structures de base de la langue.

Exploiter le manuel scolaire

Le manuel scolaire constitue une source d'information quant aux objectifs poursuivis, unité par unité. Votre enfant doit s'y reporter régulièrement pour les **documents**, les **encadrés de leçon** et les nombreux **exercices** proposés.

Apprendre le vocabulaire

Pour permettre à votre enfant de mieux fixer le lexique vu en classe, équipez-le d'un **carnet de vocabulaire** dans lequel, pour chaque unité, il recopiera les mots appris, après en avoir vérifié l'orthographe, et pourra ajouter d'autres mots relevés dans les textes étudiés.

La préparation d'un contrôle

S'il a travaillé régulièrement, cette préparation ne doit pas prendre beaucoup de temps (à condition de rester concentré !). Elle consiste à relire les différents contenus du manuel et du cahier, à refaire les exercices. Le **cahier Chouette** sera utilisé **en complément** afin de reprendre certains points de grammaire mal compris.

Comment votre enfant peut-il améliorer son oral ?

C'est d'abord en écoutant attentivement le cours et en y participant activement que votre enfant progressera à l'oral. Si vous disposez d'un ordinateur, cet apprentissage peut être complété à la maison grâce à des ressources audio ou vidéo accessibles en ligne.

Participer activement en cours

Une **écoute attentive** en cours permet d'entraîner l'oreille au rythme et aux sonorités de la langue espagnole.
Une **prise de parole** systématique en cours donne l'habitude de s'exprimer oralement. Tout progrès à l'oral est exclu sans cet effort régulier.

Profiter de toutes les occasions

Écouter des locuteurs natifs

Votre enfant peut en premier lieu utiliser le CD audio accompagnant son manuel.

De nombreux sites permettent également d'écouter des locuteurs natifs à travers des chansons, des films en version originale, des journaux télévisés... Si votre enfant dispose d'un **accès à Internet**, qu'il se réfère aux conseils donnés par son professeur ou dans son manuel pour sélectionner les sites.

Parler avec des hispanophones

Que l'élève n'hésite pas à engager la conversation en espagnol quand il rencontre des hispanophones ! Ceux-ci lui répondront volontiers.

Comment pratiquer l'espagnol en dehors du collège ?

L'espagnol se pratique aussi en dehors du collège. Par exemple, en écoutant des chansons de chanteurs hispanophones, en visionnant des films tournés en espagnol ou encore en lisant de courts romans en VO...

Voir des films

Un film offre une ouverture aux cultures hispanophones et à une réalité multiculturelle. Vous pouvez choisir la version espagnole (sous-titrée ou non) dans la lecture d'un DVD.

Quelques films à succès :

- *Machuca* (2004), d'Andrés Wood. La rencontre de deux enfants issus de milieux différents.
- *Bombón el perro* (2004), de Carlos Sorín. Les aventures de Juan et de son chien Bombón rencontré sur les routes argentines.
- *El sistema* (2009), de Paul Smaczny et María Stodtmeier. Film documentaire montrant comme la musique est mise au service des plus faibles et des plus démunis en Colombie.
- *La lengua de las mariposas* (1999), de José Luis Cuerda. Histoire d'une complicité entre un jeune élève et son vieil instituteur à la veille de la guerre civile espagnole.

Lire des textes courts

Les romans susceptibles d'intéresser votre enfant sont publiés dans diverses collections sous la rubrique « *infantil y juvenil* » (romans jeunesse). Ils sont classés par genre, thème et tranche d'âge : à partir du résumé, votre enfant saura orienter ses choix en fonction de ses centres d'intérêt.

À titre d'exemples :

- Jordi Sierra i Fabra, *Tiempo muerto*, Espasa Calpe, 2003.
- Roberto Santiago, *El mundo según Claudio: El último sordo – Dieciocho inmigrantes y medio - Pat Garret y Billy el Niño nunca tuvieron novia*, Edebé, 2004.
- Andreu Martín et Jaume Ribera, *Alfagann es Flanagan* (et toute la série « Flanagan »), Anaya.
- Eduardo Mendoza, *Sin noticias de Gurb*, Seix Barral, 2001.

Quels sont les avantages d'un séjour linguistique ?

Si vous avez la possibilité d'offrir à votre enfant un séjour dans un pays hispanophone, cela peut être un élément déclencheur dans son désir de mieux apprendre la langue.

De préférence en immersion

Si l'immersion linguistique est totale ou quasi-totale, l'apprentissage de la langue prend alors tout son sens : l'élève réalise que la langue qu'il apprend ne vaut que par **la communication** qu'elle permet. Il prend conscience de **l'utilité** de mieux l'apprendre.

Les nombreux bénéfices

À travers des **échanges quotidiens** dans la langue, votre enfant :

- progresse rapidement en compréhension orale,
- prend l'habitude de parler, sans hésiter,
- enrichit son vocabulaire, s'approprie les expressions idiomatiques.

L'**auto-évaluation** va de soi dans un contexte authentique : l'élève se rend compte de l'intelligibilité de ses propos, de la nécessité de maîtriser la syntaxe et d'approfondir ses connaissances.

Du point de vue culturel, l'enrichissement se fait par le biais des **rencontres**, des **visites** mais aussi, dans l'organisation de la vie quotidienne, par comparaison avec la vie en France.

18 Le futur et le conditionnel

1 **1.** Hoy esperan, pero mañana no esperarán.
2. Hoy sufre, pero mañana no sufrirá.
3. Hoy reímos, pero mañana no reiremos.
4. Hoy sorprende, pero mañana no sorprenderá.
5. Hoy suspiras, pero mañana no suspirarás.

EXPLICATION
Attention à la 1re personne du pluriel : terminaison en *-emos* et pas d'accent écrit.

2 *Un guía y sus turistas en Toledo*
–Señoras y señores, les explico el recorrido: a las diez nosotros iremos por la calle Santo Tomé y veremos la casa del Greco. A esa hora estará abierta. Ustedes podrán sacar fotos sin flash. Después nosotros pasaremos por el puente San Martín; tienen que saber que ustedes andarán mucho. Bajarán y subirán. Por último, descansarán a orillas del Tajo. Serán entonces las dos de la tarde.

3 **1.** vivirá → viviría • **2.** podrá → podría • **3.** querrá → querría • **4.** comerá → comería • **5.** saldrá → saldría • **6.** vendrá → vendría • **7.** hará → haría • **8.** habrá → habría • **9.** pondrá → pondría • **10.** cenará → cenaría • **11.** tendrá → tendría • **12.** sabrá → sabría

EXPLICATION
Il y a toujours un accent écrit sur le í de la terminaison au conditionnel.

19 Le subjonctif présent

1 **1.** Puede que yo conteste.
2. No pienso que usted decida.
3. Quiere que tú corras.
4. Puede que ellas descubran.
5. Es posible que vosotros recibáis.

EXPLICATION
Rappel : le pronom sujet n'est pas indispensable ici pour la compréhension des phrases 3 et 5. On peut le déduire de la conjugaison des verbes au subjonctif.

2 **1.** Es imposible que ella sepa todas las reglas.
2. No creo que sea el buen camino.
3. Te acompañamos para que no te pierdas.
4. Puede que ellos vayan a casa solos.
5. No pensamos que usted diga la verdad.

3 **a. le souhait**
1. Quiero que usted diga la verdad.
b. l'obligation
2. Es preciso que tú salgas a las tres.
c. le but
3. Es para que ustedes lo piensen.
4. Es para que ella tenga más suerte.

4 **1.** –¿Qué me pides?
–Te pido que contestes.
2. –¿Qué nos dice?
–Os digo que salgáis hasta las once.
3. –¿Qué me quieres?
–Quiero que vuelvas temprano.

EXPLICATION
Les pronoms *te* et *os* indiquent la personne du verbe de la subordonnée.

20 Exprimer l'ordre et la défense

1 **1.** Tienes que esperar → ¡Espera!
2. Tenemos que decidir → ¡Decidamos!
3. Tenéis que leer → ¡Leed!
4. Ustedes tienen que prestar atención → ¡Presten atención!
5. Tenemos que preguntar → ¡Preguntemos!
6. Tenemos que insistir → ¡Insistamos!
7. Usted tiene que contestar → ¡Conteste!
8. Tienes que dar permiso → ¡Da permiso!
9. Tienes que bajar → ¡Baja!
10. Usted tiene que pasar → ¡Pase!

2 *En la comisaría*

1. Mamá, tienes que venir en seguida.	→ ¡Ven en seguida!
2. Papá, tienes que salir ahora.	→ ¡Sal ahora!
3. Tenéis que ir a la comisaría.	→ ¡Id a la comisaría!
4. Tenéis que ser buenos, niños.	→ ¡Sed buenos, niños!
5. Usted tiene que poner el carné en la mesa.	→ ¡Ponga el carné en la mesa!
6. Tenéis que hacer una descripción precisa.	→ ¡Haced una descripción precisa!

7. Tienes que decir la verdad, Sandra. → ¡Di la verdad!

8. Tienes que hacer el resumen, Alejandro. → ¡Haz el resumen!

3 1. ¡No olvides tu billete en el tren!
2. ¡No dejes tu maleta en cualquier parte!
3. ¡No comas demasiadas frutas!
4. ¡No bebas demasiada agua fría!
5. ¡No pierdas tu monedero!
6. ¡No salgas por la noche!
7. ¡Habla con toda la familia!
8. ¡Ayuda a poner la mesa!
9. ¡Escribe una postal a los abuelos!

EXPLICATION
Les six premières phrases sont au subjonctif pour exprimer l'interdiction.

21 Le participe passé et le gérondif

1 1. salir → salido • 2. comer → comido • 3. andar → andado • 4. hablar → hablado • 5. estudiar → estudiado • 6. nadar → nadado • 7. beber → bebido • 8. comprar → comprado • 9. vivir → vivido • 10. cumplir → cumplido

2 1. Pablito pinta. → Hace poco Pablito ha pintado.
2. Juanita dibuja. → Hace poco Juanita ha dibujado.
3. Rafaelito escribe. → Hace poco Rafaelito ha escrito.
4. Angelita dice una poesía. → Hace poco Angelita ha dicho una poesía.
5. Miguelito y Manuela ven una película. → Hace poco Miguelito y Manuela han visto una película.
6. Los más pequeños juegan. → Hace poco los más pequeños han jugado.

EXPLICATION
Le verbe *juegan* (phrase 6) diphtongue, mais la diphtongaison disparaît au participe passé.

3 1. Tomo el sol. → Estoy tomando el sol.
2. Hablan con el vigilante de la playa. → Están hablando con el vigilante de la playa.
3. Comemos un helado de vainilla. → Estamos comiendo un helado de vainilla.
4. Bebe un vaso de agua. → Está bebiendo un vaso de agua.
5. Suben a la montaña. → Están subiendo a la montaña.

4 1. Hace un rato, el niño ha roto su coche.
2. Ahora está llorando.

22 Les auxiliaires *haber, ser, estar*

1 1. Acabamos de salir de Burgos. → Hemos salido de Burgos.
2. Acabo de llegar a Logroño. → He llegado a Logroño.
3. Usted acaba de montar la tienda. → Ha montado la tienda.
4. Acabo de preparar una tortilla. → He preparado una tortilla.
5. Acabamos de acostarnos. → Nos hemos acostado.
6. Ustedes acaban de dormirse. → Se han dormido.

EXPLICATION
Phrases 5 et 6 : le verbe pronominal se conjugue toujours en plaçant le pronom devant la forme verbale.

2 1. Pablito silba. → Hace poco Pablito ha silbado.
2. Juanita se pone el jersey. → Hace poco Juanita se ha puesto el jersey.
3. Rafaelito mira las nubes del horizonte. → Hace poco Rafaelito ha mirado las nubes del horizonte.
4. Angelita rompe la rama del árbol. → Hace poco Angelita ha roto la rama del árbol.
5. Miguelito y Manuel vuelven a casa. → Hace poco Miguelito y Manuel han vuelto a casa.

EXPLICATION
Dans les phrases 1, 2, 3 et 4 *haber* traduit « avoir ». Dans la phrase 5, *haber* traduit « être ».

3 1. El perro es perseguido por un gato.
2. El director es elegido para ese puesto.
3. La planta es regada todas las mañanas.
4. La carta es escrita por mi tío.
5. Este hombre es respetado por todos.

4 1. Después de la tormenta la tienda está abierta.
2. La lámpara está rota.
3. Todo está desordenado.
4. Ahora la ropa está mojada.
5. Las tiendas están destrozadas.
6. La gente está desilusionada.

EXPLICATION
Chaque phrase exprime le résultat d'une action antérieure.

5 Queridos padres:
Por fin hemos llegado a Santiago de Compostela: el viaje ha terminado. El camino ha sido bastante difícil, pero cuando hemos visto las torres de la catedral las penas han desaparecido. Ahora estamos maravillados. Este camino es seguido por muchos peregrinos desde hace siglos. Ahora hemos comprendido su singular interés.

Un abrazo,
Mónica y Juan

23 Les tournures affectives

1 Javier y Lucía forman una pareja que, a veces, tiene gustos diferentes. A Javier le gusta salir con amigos. A Lucía le gusta ver la tele. A Javier le encanta cocinar y a Lucía también, pero no les gustan las comidas grasas. A Lucía le gusta ir de vacaciones al mar, mientras que a Javier le gusta más la montaña. Los sábados les gusta la gimnasia. Los domingos por la tarde les gusta la piscina.

	a Javier		a Lucía	
	le gusta(n)	no le gusta(n)	le gusta(n)	no le gusta(n)
salir con amigos	×			
ver la tele			×	
cocinar	×		×	
las comidas grasas		×		×
ir al mar			×	
ir a la montaña	×			
la gimnasia	×		×	
la piscina	×		×	

2 **1.** la natación (3e pers. sing.) → A él / a ella / a usted le gusta la natación.
2. la gimnasia (1re pers. sing.) → A mí me gusta la gimnasia.
3. el senderismo (1re pers. plur.) → A nosotros / a nosotras nos gusta el senderismo.
4. correr (2e pers. plur.) → A vosotros / a vosotras os gusta correr.
5. las carreras (3e pers. plur.) → A ellos / a ellas / a ustedes les gustan las carreras.

EXPLICATION
À la 3e personne, trois pronoms facultatifs sont possibles suivant le contexte (singulier : *a él, a ella, a usted* ; pluriel : *a ellos, a ellas, a ustedes*).

3 *Hablan dos amigos*
–¿Quieres venir conmigo al cine?
–¿Qué echan?
–Una película de ciencia ficción; creo que te gustan, ¿no?
–Ya no me ilusionan esas películas; además estoy mal; me duelen las muelas.
–Creo que te dan miedo estas películas, por eso no te apetece ir a verla.

EXPLICATION
Les verbes des tournures affectives sont à la 3e personne ; *te* et *me* ne sont pas des sujets mais des pronoms compléments.

4 **1.** Me duele la cabeza: e
2. Cuesta levantarse: b
3. Me molestan los ruidos: a
4. Me da lástima: d
5. Me apetece algo fresco: c

EXPLICATION
Un verbe à l'infinitif peut aussi être sujet de *gustar* (ex. : *levantarse* est sujet de *cuesta* dans la phrase 2).

24 Exprimer le besoin, l'obligation

1 **1.** Yo te pregunto si te gusta la lectura.
2. Yo te pido consejos para comprar una novela.
3. Yo te pregunto de qué nacionalidad es este autor.
4. Yo te pregunto cuándo recibió el premio Nobel de Literatura.
5. Yo te pido un momentito para elegir.
6. Yo te pregunto si venden obras de este autor en esta librería.
7. Yo te pregunto cuál es tu equipo preferido.
8. Yo te pido un videojuego para las vacaciones.

2 **1. c.** Los burros necesitan cuatro patas para caminar.
2. a. El hombre necesita trabajar para ganarse la vida.
3. e. El niño necesita dormir doce horas.
4. d. El intérprete necesita conocer dos idiomas.
5. b. Los árboles necesitan tierra y agua para crecer.

3 1. ¡Cuidado! No hay que correr. (1re pers. plur.) → No tenemos que correr.
2. Hay que ir despacito. (2e pers. sing.) → Tienes que ir despacito.
3. ¡No hay que cruzar! (3e pers. plur.) → No tienen que cruzar.
4. Hay que respetar las señales. (usted) → Tiene que respetar las señales.
5. Hay que conducir lentamente. (2e pers. plur.) → Tenéis que conducir lentamente.

EXPLICATION
Hay que et *tener que* sont des expressions suivies d'un verbe à l'infinitif.

4 *En la feria*
En la barraca del churrero, Manolo pide tres churros. Luego se va al tío vivo y ve que necesita 2 euros para subir al dragón. En la caseta de tiro Manolo tiene que dar 50 céntimos. Después, Manolo pregunta cuánto cuesta tumbar los muñecos; el chico tiene que gastar otros 2 euros si quiere tumbar 5 muñecos. Le gustaría entrar en la mansión del terror, pero necesita 3 euros más; ya se lo ha gastado todo.

25 Exprimer l'habitude, la répétition

1 Cuando Nina vuelve a casa, suele merendar y después suele ir al jardín con su perro. Suele jugar un cuarto de hora y después suele empezar a estudiar. Suele cenar a las nueve. Suele ayudar a su madre a fregar y suele acostarse a las diez y media. Suele dormir casi 9 horas.

EXPLICATION
Dans cet exercice, il y a cinq verbes qui diphtonguent au présent (voir unité 14) ; à l'infinitif la diphtongaison disparaît.

2 1. El presidente se sienta. → El presidente vuelve a sentarse.
2. Los ministros aplauden. → Los ministros vuelven a aplaudir.
3. Los diputados escuchan. → Los diputados vuelven a escuchar.
4. Votan todos los partidos. → Vuelven a votar todos los partidos.
5. El presidente lee el discurso. → El presidente vuelve a leer el discurso.

3 1. A las diez y media pasa delante de la oficina de turismo.
→ A las diez y media suele pasar delante de la oficina de turismo.
→ A las diez y media vuelve a pasar delante de la oficina de turismo.
2. A las once cruza enfrente de la peluquería.
→ A las once suele cruzar enfrente de la peluquería.
→ A las once vuelve a cruzar enfrente de la peluquería.
3. A la una entra en la panadería.
→ A la una suele entrar en la panadería.
→ A la una vuelve a entrar en la panadería.

EXPLICATION
Remarque que le verbe *volver* a plusieurs emplois : on l'utilise pour traduire « retourner, rentrer », pour traduire « devenir » (*volverse*) et, ici, pour exprimer l'idée de répétition.

4 1. El semáforo se pone en verde otra vez.
2. Los coches arrancan otra vez.
3. El policía se agita otra vez.
4. La gente se impacienta otra vez.
5. El ruido empieza otra vez.

5 1. el chubasco / huracán → El chubasco se volverá huracán.
2. la nevada / tormenta → La nevada se volverá tormenta.
3. el agua / hielo → El agua se volverá hielo.
4. el viento / torbellino → El viento se volverá torbellino.

EXPLICATION
Les traductions de *devenir* sont nombreuses en espagnol : *ponerse, llegar a ser, hacerse, convertirse en...* Seuls le sens et le contexte permettent de choisir la traduction qui convient.

26 La phrase négative

1 1. ¿Es tu moto? – No, no es mi moto.
2. ¿Haces mucho ruido? – No, no hago mucho ruido.
3. ¿Deja escapar humo? – No, no deja escapar humo.
4. ¿Te gusta correr? – No, no me gusta correr.
5. ¿Crees que hay contaminación? – No, no creo que hay contaminación.

EXPLICATION
La réponse pourrait n'avoir qu'un seul *no*. Mais la répétition de la négation est d'usage fréquent.

2 –Los lunes el museo está cerrado, pero los martes podemos ir.
–Hoy yo no iré al museo sino al cine.
–Rafael prefiere el museo, pero Ana prefiere el cine; nadie está de acuerdo.
–De todas maneras no es una película de Almodóvar sino de Trueba y yo prefiero las películas de Almodóvar.
–A mí no me gusta ni el primero ni el segundo.

3 **1.** De noche no se oye nada. → De noche nada se oye.
2. Nunca salen. → No salen nunca.
3. Nadie grita. → No grita nadie.
4. No se ve nada. → Nada se ve.
5. Nunca se despiertan los chicos. → No se despiertan nunca los chicos.

4 A las dos de la tarde...
Solo son las dos de la tarde.
Solo hay seis pájaros.
Solo hay cinco árboles.
Solo se ven cuatro coches.
Solo se ven tres gatos.
A las siete de la tarde...
No son más que las siete.
No hay más que cinco pájaros.
No hay más que cuatro árboles.
No se ven más que tres coches.
No se ven más que dos gatos.

27 La phrase interrogative

1

Pregunta (question)	**Respuesta** (réponse)
El amigo	*Teresa*
–¿A qué hora has llegado?	–He llegado a las siete de la tarde.
–¿Con quién has venido?	–He venido sola.
–¿Por dónde has pasado?	–He pasado por Logroño.
–¿Cuántos viajeros había en el tren?	–¡Eso no lo puedo saber!
–¿Cuánto tiempo te quedarás en Zaragoza?	–Me quedaré unos quince días.

2 **1.** La casa tiene tres pisos. → ¿Cuántos pisos tiene la casa?
2. Mis primos vendrán también. → ¿Quién vendrá?
3. Se llaman Alejandro y Luis. → ¿Cómo se llaman?
4. Van a quedarse ocho días. → ¿Cuántos días van a quedarse?
5. Tenemos dos habitaciones. → ¿Cuántas habitaciones tenéis?
6. Iremos a la playa. → ¿A dónde iréis?
7. Comeremos hamburguesas. → ¿Qué comeréis?
8. Volveremos a casa a las siete. → ¿A qué hora volveréis a casa?

EXPLICATION
Dans la 2e question, on pourrait aussi dire : *¿Con quién vendrás?*

3 **1.** ¿Adónde iremos? Iremos a Andalucía.
2. ¿Por dónde pasaremos? Pasaremos por Guadalajara.
3. ¿Dónde nos quedaremos? Nos quedaremos en Madrid.
4. ¿Cuándo saldrán tus primos? Mis primos saldrán para Granada el lunes.
5. ¿Qué tomarán? Tomarán el AVE.
6. ¿A qué hora llegarán? Llegarán a las dos.
7. ¿Quién los esperará? Los esperarán unos amigos suyos.
8. ¿Adónde irán a esquiar? Irán a esquiar a la Sierra Nevada.
9. ¿Por qué no irás con ellos? No iré con ellos porque no sé esquiar.
10. ¿Quién sabe esquiar? Solo José sabe esquiar.

4 **1.** Por favor, podéis decirme qué es el Pilar.
2. Quiero saber dónde está esta basílica.
3. Puedes preguntar por dónde se va.
4. Pregunta también cómo se va.
5. Dime cuántas torres tiene.
6. Por favor, quisiera saber por qué se llama así.

EXPLICATION
Cómo signifie « comment » et *como* signifie « comme » : l'accent change le sens du mot.

28 La phrase exclamative

1 **1.** Una pirámide antigua. → ¡Qué pirámide tan antigua!
2. Preciosa. → ¡Qué preciosa!
3. Es alta. → ¡Qué alta es!
4. Una escalera empinada. → ¡Qué escalera más empinada!
5. Este monumento es fabuloso. → ¡Qué monumento tan fabuloso!

6. Impresionante. → ¡Qué impresionante!
7. Una construcción sólida. → ¡Qué construcción tan sólida!
8. Una vista vertiginosa. → ¡Qué vista más vertiginosa!

EXPLICATION
Dans les phrases 1, 4, 5, 7 et 8, tu peux employer indifféremment *tan* et *más*.

2 –¿Has visto? ¡Qué terribles eran! Practicaban sacrificios humanos.
–Sí, pero ¡qué civilización tan desarrollada!
–¡Qué tonto eres! Eso no es civilización, es barbarie.
–¡Qué risa! No entiendes nada.

3 1. Este niño ríe al ver a los turistas. → ¡Cómo ríe el niño!
2. Juegan muy bien. → ¡Cómo juegan!
3. Hay muchos chicos. → ¡Cuántos chicos!
4. Toca muy mal la guitarra. → ¡Cómo toca la guitarra!
5. Hay muchas escaleras en esta pirámide. → ¡Cuántas escaleras hay!
6. Llueve mucho aquí; todo es verde. → ¡Cómo llueve!
7. Estas personas hablan alto. → ¡Cómo hablan estas personas!
8. Hoy calienta el sol. → ¡Cómo calienta!
9. Ha sacado docenas de fotos. → ¡Cuántas ha sacado!
10. Me gusta el arte azteca. → ¡Cómo me gusta!

EXPLICATION
Cuánto s'accorde avec le nom auquel il se rapporte.

4 ¡Qué calor! : ③
¡Qué alta es! : ②
¡Cuantos escalones! : ④
¡Qué mosquitos tan insoportables! : ①

EXPLICATION
Remarque que *¡Qué alta es!* peut se traduire en français par « Comme elle est haute ! » : une traduction mot à mot est impossible.

Les podcasts audio

INFOS PARENTS

▸ Avec ce cahier, votre enfant peut accéder à un **entraînement interactif à la compréhension orale** sur le site www.hatier-entrainement.com.

▸ **Le travail sur chaque podcast se déroule en trois étapes :**

1. Votre enfant écoute le dialogue autant de fois qu'il le souhaite.
2. Il teste sa compréhension avec le quiz.
3. À la fin, il peut afficher le script du podcast, ainsi que sa traduction.

▸ Nous reproduisons ci-dessous les scripts des podcasts, avec leur traduction.

▸ Notez que vous pouvez **télécharger l'ensemble de ces dialogues** ainsi que **tous les corrigés** sonorisés. Le répertoire contenant tous les sons du cahier est disponible sur le site www.editions-hatier.fr (plus de précisions sur la page 3 du cahier).

1. ¡Bienvenida !

Compétences : Se présenter, présenter la famille

Julie, jeune française, arrive pour la première fois chez María. María lui présente sa famille.

JULIE: ¡Buenos días, María!

MARÍA: ¡Bienvenida a nuestra casa! Te presento a mis padres, Fernando y Carmen, mi madre, que es andaluza.

JULIE: ¿En qué habla?

MARÍA: Habla español, pero tiene un acento diferente. Si habla lentamente, puedes comprenderla fácilmente.

JULIE: Y esta señora, ¿quién es?

MARÍA: Es mi abuela, Antoñita. Vive con nosotros aquí, en Valencia. Habla mucho, cocina muy bien y... y el último de la familia es Messi.

JULIE: ¿Messi?

MARÍA: Sí, es nuestro gato; su pasatiempo preferido es jugar a la pelota, como el futbolista.

JULIE: Yo también tengo un gato.

MARÍA: ¿Tienes su foto?

JULIE: Aquí está.

MARÍA: ¡Qué divertido!

LA ABUELA: ¿Puedo ver la foto de tus padres, Julie?

JULIE: Lo siento señora, solo tengo la del gato.

TRADUCTION

Bienvenue !

JULIE : Bonjour, María !

MARÍA : Bienvenue chez nous ! Je te présente mes parents, Fernando et Carmen, ma mère, qui est andalouse.

JULIE : Quelle langue parle-t-elle ?

MARÍA : Elle parle espagnol mais elle a un accent différent. Si elle parle lentement, tu peux la comprendre facilement.

JULIE : Et cette dame, qui est-ce ?

MARÍA : C'est ma grand-mère, Antoñita. Elle habite avec nous ici, à Valence. Elle parle beaucoup, cuisine très bien et... et le dernier de la famille est Messi.

JULIE : Messi ?

MARÍA : Oui, c'est notre chat ; son passe-temps préféré est de jouer à la balle, comme le footballeur.

JULIE : Moi aussi, j'ai un chat.

MARÍA : Tu as sa photo ?

JULIE : Tiens.

MARÍA : Il est drôle !

LA GRAND-MÈRE : Je peux voir la photo de tes parents, Julie ?

JULIE : Désolée, madame, je n'ai que celle du chat.

2. Mi mochila

Compétences : Interroger, donner une explication simple

Álvaro, le père de famille, vient chercher Jeanne à l'arrivée du car pour la conduire chez sa correspondante. Mais tout ne se passe pas comme prévu...

ÁLVARO: ¿Eres Jeanne?

JEANNE: Sí, señor, soy yo.

ÁLVARO: ¿Qué tal el viaje en autobús?

JEANNE: Bien... pero un poco largo... ¿Es usted el padre de Rosa?

ÁLVARO: Sí, soy Álvaro, su padre. Te explico: Rosa y su hermanita Belén están en clase y Sara, su madre, trabaja hasta las ocho; por eso me toca llevarte a casa. ¿Entiendes?

JEANNE: No muy bien, señor.

ÁLVARO: No te preocupes. ¿Te ayudo a poner la mochila en el coche?

JEANNE: Sí, muchas gracias, pero... ¡no es mi mochila! Es la de François, un amigo del grupo. Su mochila es blanca y negra como la mía. ¡Qué tonta soy! Tiene usted que llamar al profesor de español.

Álvaro: ¡Tranquila, Jeanne! Yo sé dónde está François. Va a pasar la semana en casa de la señora Hernández Molina. Primero llamo por teléfono a esta señora para saber si está en casa y después vamos a recoger tu mochila, y él la suya. ¿Vale?

Jeanne: ¡Vale!

TRADUCTION

Mon sac à dos

Álvaro : C'est toi Jeanne ?

Jeanne : Oui, monsieur, c'est moi.

Álvaro : Le voyage en car s'est bien passé ?

Jeanne : Bien... mais un peu long... Vous êtes le père de Rosa ?

Álvaro : Oui, c'est moi Álvaro, son père. Je t'explique : Rosa et sa petite sœur Belén sont à l'école et Sara, leur mère, travaille jusqu'à 8 heures ; donc c'est moi qui te conduis à la maison. Tu comprends ?

Jeanne : Pas trop bien, monsieur.

Álvaro : Ne t'en fais pas. Je t'aide à mettre le sac à dos dans la voiture ?

Jeanne : Oui, merci beaucoup, mais... ce n'est pas mon sac ! C'est celui de François, un ami du groupe. Son sac est noir et blanc comme le mien. Je suis bête ! Vous devez appeler le professeur d'espagnol.

Álvaro : Ne t'en fais pas, Jeanne ! Je sais où est François. Il va passer la semaine chez madame Hernández Molina. D'abord je téléphone à cette dame pour savoir si elle est chez elle et ensuite on va reprendre ton sac, et lui le sien. D'accord ?

Jeanne : D'accord !

3. En el patio de recreo

Compétences : Donner des indications chiffrées, décrire une personne

Juanito est un nouvel élève ; Rafa lui décrit le collège.

Rafa: Oye, ¿eres el nuevo alumno?

Juanito: Sí, soy de Zarzuela, un pueblo cerca de aquí.

Rafa: Yo soy Rafa; no sé cómo te llamas...

Juanito: Soy Juan, pero todos me llaman Juanito porque soy bajo.

Rafa: Creo que estamos en el mismo curso. ¿Conoces el colegio?

Juanito: ¡No!

Rafa: Mira, aquí somos más de 500; en clase somos 29, y contigo uno más. A la derecha está la sala de profesores y a la izquierda el restaurante escolar.

Juanito: ¿No lleváis uniforme?

Rafa: ¡Claro que no!

Juanito: ¿Y los profesores?

Rafa: Son muchos, sabes, más de 50. El de ahí, el calvo, es nuestro profesor de matemáticas, el señor Pérez Ortega, y el de allá, el gordo, es el director, el señor Sánchez Palomo.

Juanito: Y ese señor, allí, alto y delgado ¿es el profesor de deporte?

Rafa: ¡Qué no! ¡Ay, qué risa! Es mi padre: todos los días me acompaña al cole en coche, a las ocho menos cuarto.

TRADUCTION

Dans la cour de récréation

Rafa : Eh ! c'est toi le nouveau ?

Juanito : Oui, je suis de Zarzuela, un village près d'ici.

Rafa : Moi c'est Rafa ; je ne connais pas ton prénom...

Juanito : Juan, mais tout le monde m'appelle Juanito, parce que je suis petit.

Rafa : Je crois que nous sommes dans la même classe. Tu connais le collège ?

Juanito : Ben non.

Rafa : Et bien, ici on est plus de 500 ; en classe, on est 29, plus 1 avec toi. À droite, c'est la salle des professeurs et, à gauche, le restaurant scolaire.

Juanito : Vous ne portez pas d'uniforme ?

Rafa : Non, bien sûr !

Juanito : Et les professeurs ?

Rafa : Ils sont nombreux, tu sais, plus de 50. Le chauve, là, c'est notre professeur de mathématiques, monsieur Pérez Ortega, et le gros, là-bas, c'est le directeur, monsieur Sánchez Palomo .

Juanito : Et ce monsieur-là, grand et mince, c'est le professeur de sport ?

Rafa : Mais non ! Tu veux rire ! C'est mon père : il m'accompagne tous les jours au collège en voiture, à huit heures moins le quart.

4. ¡Estamos perdidos!

Compétence : Demander son chemin

Deux adolescents se renseignent à l'office de tourisme, au centre de Madrid.

El joven: Buenas tardes, señora, mi amiga y yo estamos un poco perdidos; quisiéramos saber dónde está el monumento a don Quijote y Sancho Panza. ¿Podría indicarnos en el plano?

La oficinista: A ver, estáis aquí; por ahí llegáis a la Plaza Mayor. Vais todo recto y después del primer cruce está la calle que va al monumento a Cervantes. Podéis también tomar el metro y bajar en la estación Plaza de España.

El joven: No, señora, porque mi amiga quiere pasar primero por la pastelería que está cerca de la Puerta del Sol. Creo que se llama La Mallorquina.

La oficinista: Sí, tiene razón; hacen pastelitos riquísimos.

La joven: Y también me encantaría ver la Sagrada Familia...

La oficinista: ¡Qué no! Te equivocas. Estás aquí en Madrid. La Sagrada Familia está en Barcelona.

TRADUCTION

Nous sommes perdus !

Le jeune : Bonjour madame, mon amie et moi nous sommes un peu perdus ; nous voudrions savoir où se trouve le monument de don Quichotte et Sancho Panza. Pourriez-vous nous l'indiquer sur le plan ?

L'employée : Voyons, vous êtes ici ; en prenant par là, vous arrivez à la Plaza Mayor. Vous allez tout droit et, après le premier carrefour, vous trouvez la rue qui conduit au monument de Cervantes. Vous pouvez aussi prendre le métro et descendre à la station Plaza de España.

Le jeune : Non madame, parce que mon amie veut passer d'abord par la pâtisserie qui se trouve près de la Puerta del Sol. Je crois qu'elle s'appelle la Mallorquina.

L'employée : Oui, elle a raison ; ils font de très bons petits gâteaux.

La jeune fille : Et j'aimerais aussi voir la Sagrada Familia...

L'employée : Là, tu te trompes ! Tu es à Madrid, ici. La Sagrada Familia se trouve à Barcelone.

5. Una maleta llena

Compétences : Exprimer une interdiction, donner un ordre

La mère veut aider son fils, qui prépare son voyage scolaire en Andalousie, à faire sa valise.

La madre: Te he preparado la maleta para el viaje del colegio a Andalucía.

El hijo: Pero mamá, ¿por qué tantas cosas? Son solo siete días de viaje.

La madre: El jersey y el abrigo ... porque no quiero que tengas frío.

El hijo: ¡¿Y la crema protectora?!

La madre: Sabes que en mayo, en Andalucía, pega el sol; no quiero que te quemes la piel y te encuentres mal.

El hijo: ¿Y esos calcetines? ¡Ni hablar!

La madre: También he puesto unos pañuelos, por si acaso.

El hijo: Sabes que tengo pañuelos de papel.

La madre: ... Y las zapatillas.

El hijo: No me las pongo nunca.

La madre: Quiero también que te lleves un impermeable; cuando llueva te alegrarás...

Toma también la gorra... tómala y ponla en la maleta... y no te olvides de llamarme por teléfono.

El hijo: Espera, mamá, con el móvil, la tableta y los auriculares, ya no queda sitio... y aún no me has puesto los bocadillos para el viaje.

TRADUCTION

Une valise bien pleine

La mère : J'ai préparé ta valise pour le voyage en Andalousie avec le collège.

Le fils : Mais maman, pourquoi tant de choses ? Il n'y a que sept jours de voyage.

La mère : Le pull et le manteau... parce que je ne veux pas que tu aies froid.

Le fils : Et la crème de protection ?!

La mère : Tu sais qu'en mai, en Andalousie, le soleil tape fort ; je ne veux pas que tu te brûles la peau et que tu sois malade.

Le fils : Et ces chaussettes-là ? Pas question !

La mère : Je t'ai mis aussi quelques mouchoirs, au cas où.

Le fils : Tu sais que j'ai des mouchoirs en papier.

La mère : ...Et les pantoufles.

Le fils : Je ne les mets jamais.

La mère : Je veux aussi que tu prennes un imperméable ; quand il pleuvra tu seras bien content. Prends aussi la casquette... prends-la et mets-la dans la valise... et n'oublie pas de me téléphoner.

Le fils : Attends, maman, avec le téléphone portable, la tablette et les écouteurs, je n'ai plus de place... et tu ne m'as pas encore mis les sandwichs pour le voyage !

6. ¿Huevos fritos o paella?

Compétence : Rendre compte d'une situation vécue

De retour du collège, le fils veut parler de son cours d'arts plastiques à sa mère.

El hijo: Mamá, ¿conoces *La vieja friendo huevos*?

La madre: ¿Ya tienes hambre? Tu padre no ha vuelto todavía; está trabajando hasta las ocho. Tienes que esperar a que vuelva.

El hijo: Pero, mamá, no te hablo de la cena.

La madre: Me has hablado de huevos... y de todas maneras huevos no hay; a ver si queda un poco de arroz, pollo, azafrán... Una paella, ¿te apetece? Pero necesita casi una hora de preparación.

EL HIJO: Mamá, escúchame; si te hablo de huevos es porque con el profesor de educación plástica, hoy, en clase, hemos estudiado un cuadro que se titula *Vieja friendo huevos*. El pintor es Velázquez, un pintor español del siglo XVII a quien no conocía; me ha gustado mucho.

EL PADRE: ¡Hola! Buenas noches, he terminado el trabajo un poco más temprano, a las seis y media; así podremos ver el partido de fútbol en la tele, a las diez de la noche.

LA MADRE: Preparamos la paella y luego vemos el partido de fútbol. ¿Vale?

EL HIJO: ¡Después de todo, no es mala idea!

TRADUCTION

Œufs sur le plat ou paella ?

LE FILS : Maman, tu connais *La vieille dame qui cuit des œufs sur le plat* ?

LA MÈRE : Tu as déjà faim ? Ton père n'est pas encore rentré ; il travaille jusqu'à huit heures. Il faut attendre qu'il revienne.

LE FILS : Mais maman, je ne te parle pas du dîner.

LA MÈRE : Tu m'as parlé d'œufs ...et de toute façon je n'ai plus d'œufs ; peut-être reste-t-il un peu de riz, du poulet, du safran... Une paella, ça te dit ? Mais ça demande presque une heure de préparation.

LE FILS : Maman, écoute-moi ; si je te parle d'œufs, c'est parce qu'avec le professeur d'arts plastiques, aujourd'hui, nous avons étudié un tableau qui s'intitule *Vieja friendo huevos*. Le peintre est Velázquez, un peintre espagnol du XVIIe siècle que je ne connaissais pas ; ça m'a beaucoup plu.

LE PÈRE : Bonsoir ! J'ai terminé le travail un peu plus tôt, à six heures et demie ; comme ça nous pourrons voir le match de foot à la télé, à dix heures ce soir.

LA MÈRE : On prépare la paella et ensuite on regarde le match de foot, d'accord ?

LE FILS : Après tout, ce n'est pas une mauvaise idée !

7. La despedida

Compétence : Parler du passé et de l'avenir

Un jeune Français quitte la famille espagnole chez qui il vient de passer la semaine.

EL PADRE: Ha llegado la hora de la despedida.

EL JOVEN FRANCÉS: Gracias por haberme acogido. He pasado una semana fenomenal aquí en Madrid.

EL PADRE: ¿Qué te ha gustado más?

EL JOVEN FRANCÉS: Lo que me encantó fue el Museo del Prado con los cuadros de Goya y también el día que pasamos en Segovia.

LA MADRE: ¿Has visto el acueducto?

EL JOVEN FRANCÉS: Sí, es estupendo, y ahora conozco la leyenda del diablo que quiso construir ese acueducto en una noche. Nunca olvidaré este viaje.

EL PADRE: ¡Vale! Saludarás a tus padres cuando llegues a casa.¡Cuánto me gustaría visitar París!

EL JOVEN FRANCÉS: Sí, señor, cuente conmigo.

EL PADRE: Ahora puedes llamarme Santi.

EL JOVEN ESPAÑOL DE LA FAMILIA: ¿Podrás volver el año próximo?

EL JOVEN FRANCÉS: Eso no lo sé; a ti te toca venir a Francia ahora.

EL JOVEN ESPAÑOL DE LA FAMILIA: ¡Me encantaría! Y así me explicarás qué otro diablo construyó la torre Eiffel.

TRADUCTION

Les adieux

LE PÈRE : L'heure de se quitter est venue.

LE JEUNE FRANÇAIS : Merci de m'avoir accueilli. J'ai passé une super semaine ici à Madrid.

LE PÈRE : Qu'as-tu aimé le plus ?

LE JEUNE FRANÇAIS : J'ai été émerveillé par le musée du Prado avec les tableaux de Goya ; et aussi la journée que nous avons passée à Ségovie.

LA MÈRE : Tu as vu l'aqueduc ?

LE JEUNE FRANÇAIS : Oui, c'est formidable : maintenant je connais la légende du diable qui a voulu construire cet aqueduc en une nuit. Je n'oublierai jamais ce voyage.

LE PÈRE : Bon ! Tu salueras tes parents quand tu arriveras chez toi. Ah ! Comme j'aimerais visiter Paris !

LE JEUNE FRANÇAIS : Oui, monsieur ; comptez sur moi.

LE PÈRE : Maintenant, tu peux m'appeler Santi.

LE JEUNE ESPAGNOL DE LA FAMILLE : Tu pourras revenir l'année prochaine ?

LE JEUNE FRANÇAIS : Ça, je ne le sais pas ; maintenant c'est à toi de venir en France.

LE JEUNE ESPAGNOL DE LA FAMILLE : J'adorerais ! Et alors tu m'expliqueras quel autre diable a construit la tour Eiffel.

3 Relève et classe les formes verbales conjuguées dans le tableau puis donne leur infinitif.

Mi hermana me trae un ramillete de flores. Le doy un beso y pongo las flores en un gran florero. En primavera, ella sale de paseo con mis padres. Vemos muchas flores silvestres, ¡pero solo yo sé dónde están las más preciosas! No quiero decirte el secreto.

Infinitif	1re pers. sing.	3e pers. sing.	1re pers. plur.	3e pers. plur.

SCORE ..../ 8

ATTENTION
La première personne du singulier peut être très irrégulière.

COUP DE POUCE
- *ramillete de flores* : bouquet de fleurs
- *florero* : vase
- *en primavera* : au printemps
- *silvestres* : sauvages
- *solo yo sé* : il n'y a que moi qui sache
- *las más preciosas* : les plus belles

4 Retrouve dans la grille quinze verbes irréguliers conjugués.

– 5 verbes à la 1re pers. du sing. → ....
....
– 5 verbes à la 3e pers. du sing. → ....
....
– 5 verbes à la 2e pers. du plur. → ....
....

v	o	y	a	h	a	g	o	o
p	o	n	é	i	s	o	c	i
o	s	v	e	n	í	s	a	g
í	a	e	o	y	e	i	é	o
s	l	j	u	e	g	a	i	s
u	í	p	u	e	d	e	s	a
a	s	o	i	a	d	a	u	l
v	e	n	g	o	s	é	i	e

SCORE ..../ 15

COUP DE POUCE
Cinq verbes doivent être lus verticalement.

5 Complète le dialogue en utilisant les verbes proposés.

–Este fin de semana yo .... (ir) al cine y vosotros ¿qué .... (hacer)?

–Mi hermano y yo .... (jugar) al bádminton en un club; .... (tener) dos horas cada sábado.

–Entonces no .... (poder) salir conmigo.

–No, yo .... (preferir) los deportes; te .... (costar) menos y te .... (dar) más satisfacción; yo .... (encontrar) a muchos amigos allí.

–Bueno, ahora yo .... (saber) lo que .... (querer); hasta el lunes...

SCORE ..../ 11

ATTENTION
Jugar, poder, preferir, costar, encontrar, querer sont des verbes qui diphtonguent.

Corrigés p. 9

TOTAL ..../ 51

16 L'imparfait

Formes

- Les **verbes réguliers** ont deux terminaisons différentes à l'imparfait :
  – verbes en *-ar* : radical + *-aba, -abas, -aba, -ábamos, -abais, -aban* ;
  – verbes en *-er* et *-ir* : radical + *-ía, -ías, -ía, -íamos, -íais, -ían*.

cantar (*chanter*)	**comer** (*manger*)	**subir** (*monter*)
cantaba	comía	subía
cantabas	comías	subías
cantaba	comía	subía
cantábamos	comíamos	subíamos
cantabais	comíais	subíais
cantaban	comían	subían

- Les seuls **verbes irréguliers** à l'imparfait de l'indicatif sont *ir*, *ser* et *ver*.

ir (*aller*)	**ser** (*être*)	**ver** (*voir*)
iba	era	veía
ibas	eras	veías
iba	era	veía
íbamos	éramos	veíamos
ibais	erais	veíais
iban	eran	veían

★★ 1 **Retrouve dix imparfaits dans la grille et écris-les ci-dessous.**

e	r	a	v	e	í	a
s	t	e	n	í	a	s
a	p	i	b	a	n	s
b	o	c	e	i	o	a
í	d	a	o	b	i	l
a	í	í	a	a	u	í
s	a	a	o	í	a	a

1. ....
2. ....
3. ....
4. ....
5. ....
6. ....
7. ....
8. ....
9. ....
10. ....

SCORE .... / 10

COUP DE POUCE
Cinq verbes doivent être lus horizontalement, cinq autres verticalement.

Emplois

- L'imparfait de l'indicatif permet d'exprimer une action passée :
  – envisagée dans son déroulement (aspect **inaccompli** et duratif) ;

  *Los egipcios **construían** pirámides.*
  Les Égyptiens construisaient des pyramides.

  – qui s'est répétée (aspect **itératif** ; imparfait d'habitude).

  *Cada día **iba** a la piscina.*
  Chaque jour, il allait à la piscine.

★★ 2 **Pour chaque phrase, écris l'infinitif du verbe, puis mets-le à l'imparfait.**
Ex. : Las niñas cantan (cantar) una canción de despedida.
→ *Las niñas cantaban una canción de despedida* (un chant d'adieu).

1. Vamos a casa. (................) → ....
2. Pongo la televisión. (....................) → ....
3. Marisol come un caramelo. (..................) → ....
4. Nosotros miramos el partido. (..............) → ....
5. Mamá escucha la radio. (....................) → ....
6. Lola, mi mejor amiga, lee. (................) → ....
7. No pasa nadie por la calle. (..................) → ....
8. Esperamos el primer gol. (....................) → ....

SCORE ..../ 16

INFO
Les irrégularités du présent disparaissent à l'imparfait : *traigo* → *traía*.

★★ 3 **Souligne les verbes conjugués du texte, puis mets-les à l'imparfait.**
Es sábado; cada fin de semana todos mis compañeros van a la playa, pero yo me quedo (*je reste*) en casa. Desde el balcón miro el desfile de los coches que arrancan (*démarrent*) precipitadamente para ir a la costa; no quieren perder un minuto de sol, de arena y de mar. Menos mal (*heureusement*) que tengo a mi perro: él sí que quiere jugar conmigo. Los dos organizamos partidos de fútbol entre la cocina y el salón.

→ Era sábado ....
....
....
....

SCORE ..../ 8

COUP DE POUCE
Rappelle-toi qu'il existe trois imparfaits irréguliers : *ir*, *ser* et *ver*.

★★ 4 **Observe les deux dessins et construis des phrases à l'imparfait et au présent.**

1. Ayer ...., pero hoy ....
2. Ayer ...., pero hoy ....
3. Ayer ...., pero hoy ....
4. Ayer ...., pero hoy ....

SCORE ..../ 8

COUP DE POUCE
Utilise les expressions *hacer frío, ser viernes/sábado, estar en casa, brillar el sol, estar triste, ser feliz, pasear por el parque*.

Corrigés p. 9 et 10

TOTAL ..../ 42

LE GROUPE VERBAL

17 Le passé simple

Formes régulières et emplois

cantar (*chanter*)	**comer** (*manger*)	**subir** (*monter*)
canté cantaste cantó cantamos cantasteis cantaron	comí comiste comió comimos comisteis comieron	subí subiste subió subimos subisteis subieron

ATTENTION Les formes régulières portent toujours un accent écrit à la 1re et à la 3e personne du singulier.

- Le passé simple est **plus souvent employé en espagnol** qu'en français.
  On l'utilise dans la langue courante pour exprimer une action passée ponctuelle qui n'a plus de répercussion dans le moment présent.
  Esta mañana ***me desperté*** (passé simple en espagnol) *a las siete.*
  Ce matin, je <u>me suis réveillé(e)</u> (passé composé en français) à sept heures.

1 Conjugue ces verbes réguliers au passé simple.

ATTENTION N'oublie pas l'accent écrit sur la terminaison de la 1re et de la 3e personne du singulier.

1. yo (preguntar) → ....
2. él (mirar) → ....
3. nosotros (viajar) → ....
4. ellos (escuchar) → ....
5. usted (salir) → ....
6. tú (conocer) → ....
7. vosotras (aprender) → ....
8. ella (escribir) → ....

SCORE ..../ 8

Formes irrégulières

ser/ir (*être/aller*)	**estar** (*être*)	**dar** (*donner*)	**decir** (*dire*)	**hacer** (*faire*)	**poder** (*pouvoir*)	**poner** (*mettre*)
fui	estuve	di	dije	hice	pude	puse
fuiste	estuviste	diste	dijiste	hiciste	pudiste	pusiste
fue	estuvo	dio	dijo	hizo	pudo	puso
fuimos	estuvimos	dimos	dijimos	hicimos	pudimos	pusimos
fuisteis	estuvisteis	disteis	dijisteis	hicisteis	pudisteis	pusisteis
fueron	estuvieron	dieron	dijeron	hicieron	pudieron	pusieron

- Contrairement aux verbes réguliers, les passés simples irréguliers n'ont pas d'accent écrit sur la 1re et la 3e personne du singulier.

2 Conjugue ces verbes irréguliers au passé simple.

1. él (salir) → ....
2. tú (ver) → ....
3. yo (pedir) → ....
4. nosotros (ser) → ....

SCORE ..../ 4

3 Mets le texte au passé simple, sauf quand le sens ne le permet pas.

Tomamos un taxi, pero llegamos con retraso a la estación de Atocha. El empleado nos da un billete para Sevilla y nos dice la hora de salida del tren, pero nadie puede oírlo por el ruido. Mi madre hace lo posible para comprenderlo. Al final, ponemos las maletas (*valises*) en el primer vagón, subimos y el tren se pone en marcha. Cuando nos damos cuenta, es demasiado tarde: ¡es el tren de Cáceres!

→ Tomamos un taxi ....

....

....

....

....

....

SCORE .... / 12

> **COUP DE POUCE**
> Tu dois mettre tous les verbes au passé simple, sauf deux qui doivent être mis à l'imparfait.

4 Complète ce récit en mettant les verbes (réguliers et irréguliers) au passé simple.

Aventura en Sevilla

Ayer la abuela nos .... (contar : *raconter*) una situación rara. La semana pasada Carlos y su familia .... (decidir : *décider*) ir a Sevilla a ver las procesiones del Viernes Santo. El viernes por la mañana Carlos .... (coger : *prendre*) el AVE en Madrid. Su mujer .... (viajar : *voyager*) en avión. Por la noche, sus hijas .... (utilizar) su propio coche. Aquel día .... (llover : *pleuvoir*) muchísimo. Todos .... (llegar : *arriver*) con retraso a Sevilla. El AVE .... (tardar) 8 horas. El avión no .... (poder) aterrizar. Nadie .... (ver) las procesiones. ¡Qué pena!

SCORE .... / 10

> **INFO**
> Au passé simple, l'accent écrit sur la 3e personne du singulier des verbes du 1er groupe (*-ar*) permet d'éviter toute confusion avec la 1re personne du présent de l'indicatif : viajo : je voyage ; viajó : il voyagea.

5 Récris le texte au passé en utilisant l'imparfait ou le passé simple, selon le contexte.

Carlos decide buscar un hotel para pasar la noche. Encontramos uno en el casco antiguo (*vieux quartier*). Es tranquilo y agradable. Cenamos y vamos a dormir. Poco después, a la una de la noche, oímos tambores. Yo abro la ventana y veo el desfile de los pasos y la marcha de los penitentes: andan lentamente. La procesión dura más de dos horas.

....

....

....

....

....

SCORE .... / 10

> **COUP DE POUCE**
> Vérifie que tu as mis deux verbes à l'imparfait.

Corrigés p. 10

TOTAL .... / 44

LE GROUPE VERBAL

18 Le futur et le conditionnel

Verbes réguliers au futur

- Le futur des verbes en *-ar*, *-er* et *-ir* se forme de la manière suivante : infinitif + *-é*, *-ás*, *-á*, *-emos*, *-éis*, *-án*.

cenar (*dîner*)	**coger** (*prendre*)	**acudir** (*se rendre*)
cenaré	cogeré	acudiré
cenarás	cogerás	acudirás
cenará	cogerá	acudirá
cenaremos	cogeremos	acudiremos
cenaréis	cogeréis	acudiréis
cenarán	cogerán	acudirán

ATTENTION
Toutes les personnes portent un accent écrit, sauf la 1re du pluriel.

1 Complète la phrase en passant du présent au futur.

Ex. : *Hoy le llamo, pero mañana no le llamaré.*

1. Hoy esperan, pero mañana no ....
2. Hoy sufre, pero mañana no ....
3. Hoy reímos, pero mañana no ....
4. Hoy sorprende, pero mañana no ....
5. Hoy suspiras, pero mañana no ....

SCORE .... / 5

COUP DE POUCE
Trouve la personne et le groupe auquel appartient le verbe avant de le modifier.

Verbes irréguliers au futur

decir (*dire*)	**haber** (*avoir*)	**hacer** (*faire*)	**poder** (*pouvoir*)	**poner** (*mettre, poser*)
diré	habré	haré	podré	pondré
dirás	habrás	harás	podrás	pondrás
dirá	habrá	hará	podrá	pondrá
diremos	habremos	haremos	podremos	pondremos
diréis	habréis	haréis	podréis	pondréis
dirán	habrán	harán	podrán	pondrán

querer (*vouloir, aimer*)	**saber** (*savoir*)	**salir** (*sortir, partir*)	**tener** (*avoir, posséder*)	**venir** (*venir*)
querré	sabré	saldré	tendré	vendré
querrás	sabrás	saldrás	tendrás	vendrás
querrá	sabrá	saldrá	tendrá	vendrá
querremos	sabremos	saldremos	tendremos	vendremos
querréis	sabréis	saldréis	tendréis	vendréis
querrán	sabrán	saldrán	tendrán	vendrán

2 Mets au futur les verbes entre parenthèses.

Un guía y sus turistas en Toledo

–Señoras y señores, les explico el recorrido (*le parcours*): a las diez nosotros .... (ir) por la calle Santo Tomé y .... (ver) la casa del Greco. A esa hora .... (estar) abierta. Ustedes .... (poder) sacar fotos sin flash. Después nosotros .... (pasar) por el puente San Martín; tienen que saber que ustedes .... (andar) mucho. .... (Bajar) y .... (subir). Por último, ... (descansar : *se reposer*) a orillas del Tajo. .... (Ser) entonces (*alors*) las dos de la tarde.

COUP DE POUCE
Remarque que le guide vouvoie les touristes.

SCORE ..../ 10

Le conditionnel

- Le conditionnel permet d'évoquer des faits soumis à une condition (exprimée ou non), donc incertains.

  *Me **gustaría** ir a Valencia: **iría** al museo de las ciencias y **experimentaría** muchos fenómenos.*
  J'aimerais aller à Valence : j'irais au musée des Sciences et je ferais des expériences diverses.

- Le conditionnel des verbes en *-ar*, *-er* et *-ir* se forme de la manière suivante : infinitif + *-ía*, *-ías*, *-ía*, *-íamos*, *-íais*, *-ían*.

buscar (*chercher*)	**acoger** (*accueillir*)	**asistir** (*assister*)
buscaría buscarías buscaría buscaríamos buscaríais buscarían	acogería acogerías acogería acogeríamos acogeríais acogerían	asistiría asistirías asistiría asistiríamos asistiríais asistirían

- Les verbes qui ont un futur irrégulier ont aussi un conditionnel irrégulier.

  decir → *diré* → ***diría***   *hacer* → *haré* → ***haría***

3 À partir du futur, retrouve le conditionnel (3e personne du singulier).

Ex. : *dirá* → *diría*

1. vivirá → ....
2. podrá → ....
3. querrá → ....
4. comerá → ....
5. saldrá → ....
6. vendrá → ....
7. hará → ....
8. habrá → ....
9. pondrá → ....
10. cenará → ....
11. tendrá → ....
12. sabrá → ....

COUP DE POUCE
Observe qu'il y a trois verbes réguliers et neuf verbes irréguliers.

SCORE ..../ 12

Corrigés p. 11

Plus d'exercices sur www.hatier-entrainement.com

TOTAL ..../ 27

LE GROUPE VERBAL

19 Le subjonctif présent

Formes régulières et emplois

- On distingue deux terminaisons :
  - verbes en *-ar* : radical + *-e*, *-es*, *-e*, *-emos*, *-éis*, *-en* ;
  - verbes en *-er* et *-ir* : radical + *-a*, *-as*, *-a*, *-amos*, *-áis*, *-an*.

cantar *(chanter)*	**comer** *(manger)*	**subir** *(monter)*
cante	coma	suba
cantes	comas	subas
cante	coma	suba
cantemos	comamos	subamos
cantéis	comáis	subáis
canten	coman	suban

- En espagnol, comme en français, le subjonctif s'emploie après des expressions exprimant **la volonté**, **l'éventualité** ou une **opinion négative**.

  Quiero que ***vengas****.* Je veux que tu viennes.
  Puede que ***lleve*** *gafas.* Il se peut qu'il porte des lunettes.
  No pienso que ***tenga*** *gafas.* Je ne pense pas qu'il ait des lunettes.

1 Mets le verbe entre parenthèses au subjonctif présent.

1. Puede que yo .... (contestar).
2. No pienso que usted .... (decidir).
3. Quiere que tú .... (correr).
4. Puede que ellas .... (descubrir).
5. Es posible que vosotros .... (recibir).

SCORE ..../ 5

INFO
Au subjonctif, les verbes en *-er* et en *-ir* ont les mêmes terminaisons.

Formes irrégulières

- Plusieurs verbes forment leur subjonctif à partir de la première personne du présent de l'indicatif :
  - Certains verbes en *-cer* et *-cir* dont :

    conocer — *conozco → conozca, conozcas...*
    conducir — *conduzco → conduzca, conduzcas...*

  - Les verbes à diphtongue :

    contar — *cuento → cuente, cuentes, cuente, contemos, contéis, cuenten*
    perder — *pierdo → pierda, pierdas, pierda, perdamos, perdáis, pierdan*

  - Les verbes irréguliers courants :

caer	*caigo → caiga, caigas...*	*salir*	*salgo → salga, salgas...*
decir	*digo → diga, digas...*	*tener*	*tengo → tenga, tengas...*
hacer	*hago → haga, hagas...*	*venir*	*vengo → venga, vengas...*
poner	*pongo → ponga, pongas...*	*oír*	*oigo → oiga, oigas...*

- Certains verbes ont une forme particulière au subjonctif présent :

dar	*dé, des, dé, demos, déis, den*
haber	*haya, hayas, haya, hayamos, hayáis, hayan*
ir	*vaya, vayas, vaya, vayamos, vayáis, vayan*
saber	*sepa, sepas, sepa, sepamos, sepáis, sepan*
ser	*sea, seas, sea, seamos, seáis, sean*
ver	*vea, veas, vea, veamos, veáis, vean*

★★ 2 Complète les phrases en mettant le verbe au subjonctif présent.

1. Es imposible que ella .... (saber) todas las reglas.
2. No creo que .... (ser) el buen camino.
3. Te acompañamos para que no te .... (perder).
4. Puede que ellos .... (ir) a casa solos.
5. No pensamos que usted .... (decir) la verdad.

SCORE ..../ 5

INFO
Comme en français, le subjonctif est obligatoire après les expressions soulignées.

★★ 3 Mets les verbes entre parenthèses au subjonctif présent pour exprimer...

a. le souhait

1. Quiero que usted .... (decir) la verdad.

b. l'obligation

2. Es preciso que tú .... (salir) a las tres.

c. le but

3. Es para que ustedes lo .... (pensar).
4. Es para que ella .... (tener) más suerte.

SCORE ..../ 4

COUP DE POUCE
L'irrégularité de plusieurs verbes s'explique par l'irrégularité de la 1re personne du présent de l'indicatif.

Emplois particuliers

- *Quizás*, *acaso* et *tal vez* signifient « peut-être » et sont suivis du subjonctif.
  ***Quizás sea** él.* C'est peut-être lui.
- Le subjonctif permet de traduire également **l'ordre indirect**.
  *Te **mandamos** que **salgas**.* Nous t'ordonnons de sortir.
  *Le **pido** que **conduzca** bien.* Je lui demande de bien conduire.

★★ 4 Complète les réponses aux questions.

1. –¿Qué me pides?
–Te pido que .... (contestar).
2. –¿Qué nos dice?
–Os digo que .... (salir) hasta las once.
3. –¿Qué me quieres?
–Quiero que .... (volver) temprano.

SCORE ..../ 3

INFO
- *contestar* : répondre
- *salir hasta las once* : sortir jusqu'à onze heures
- *volver temprano* : rentrer de bonne heure

Corrigés p. 11

TOTAL ..../ 17

20 Exprimer l'ordre et la défense

L'impératif des verbes réguliers

	cantar (*chanter*)	**comer** (*manger*)	**subir** (*monter*)
2e pers. sing.	canta	come	sube
3e pers. sing.	cante	coma	suba
1re pers. plur.	cantemos	comamos	subamos
2e pers. plur.	cantad	comed	subid
3e pers. plur.	canten	coman	suban

- La 2e personne du singulier et la 2e personne du pluriel correspondent au **tutoiement** individuel et collectif, la 3e personne exprime le **vouvoiement**.
  *¡**Cante** usted!* Chantez [monsieur/madame] !
  *¡**Suban** ustedes!* Montez [messieurs/mesdames] !
- Les formes de l'impératif aux autres personnes sont celles du subjonctif présent.

1 Mets les verbes suivants à l'impératif en passant de l'obligation personnelle (*tener que...*) à l'ordre (impératif).

Ex. : *Tienes que escuchar.* (Tu dois écouter.) → *¡Escucha!* (Écoute !)

1. Tienes que esperar → ....
2. Tenemos que decidir → ....
3. Tenéis que leer → ....
4. Ustedes tienen que prestar atención → ....
5. Tenemos que preguntar → ....
6. Tenemos que insistir → ....
7. Usted tiene que contestar → ....
8. Tienes que dar permiso → ....
9. Tienes que bajar → ....
10. Usted tiene que pasar → ....

SCORE .... / 10

ATTENTION N'oublie pas que l'impératif espagnol a cinq personnes.

L'impératif des verbes irréguliers

decir (*dire*)	**hacer** (*faire*)	**ir** (*aller*)	**poner** (*mettre*)	**salir** (*sortir*)	**ser** (*être*)	**tener** (*avoir*)	**venir** (*venir*)
di	haz	ve	pon	sal	sé	ten	ven
diga	haga	vaya	ponga	salga	sea	tenga	venga
digamos	hagamos	vayamos	pongamos	salgamos	seamos	tengamos	vengamos
decid	haced	id	poned	salid	sed	tened	venid
digan	hagan	vayan	pongan	salgan	sean	tengan	vengan

- Observe que :
  – les formes de la 2e personne du singulier sont très irrégulières ;
  – la 2e personne du pluriel se forme de manière régulière ;
  – aux autres personnes, les formes sont celles du subjonctif présent.

2 Transforme l'obligation exprimée par *tener que...* (devoir) en impératif.

En la comisaría

1. Mamá, tienes que venir en seguida. → ¡.............. en seguida!
2. Papá, tienes que salir ahora. → ¡.............. ahora!
3. Tenéis que ir a la comisaría. → ¡.............. a la comisaría!
4. Tenéis que ser buenos, niños. → ¡.............. buenos, niños!
5. Usted tiene que poner el carné en la mesa. → ¡.............. el carné en la mesa!
6. Tenéis que hacer una descripción precisa. → ¡.............. una descripción precisa!
7. Tienes que decir la verdad, Sandra. → ¡.............. la verdad!
8. Tienes que hacer el resumen, Alejandro. → ¡.............. el resumen!

SCORE ..../ 8

COUP DE POUCE
Vérifie que tu as mis quatre verbes à l'impératif, à la 2e personne du singulier.

L'impératif négatif

- Pour exprimer l'interdiction, la défense, on utilise la négation *no* suivie du subjonctif présent (voir unité 19).

No respires. Ne respire pas. ***No corras.*** Ne cours pas. ***No vengas.*** Ne viens pas.

3 Quels conseils (interdictions ou ordres) donne la señora García à son fils qui part en vacances ?

1. ¡No .... tu billete en el tren! (olvidar)
2. ¡No .... tu maleta en cualquier parte! (dejar)
3. ¡No .... demasiadas frutas! (comer)
4. ¡No .... demasiada agua fría! (beber)
5. ¡No .... tu monedero! (perder)
6. ¡No .... por la noche! (salir)
7. ¡ .... con toda la familia! (hablar)
8. ¡ .... a poner la mesa! (ayudar)
9. ¡ .... una postal a los abuelos! (escribir)

SCORE ..../ 9

ATTENTION
La mère tutoie son fils.
Tous les verbes sont à la 2e personne du singulier.

INFO
- *olvidar* : oublier
- *ayudar* : aider

Corrigés p. 11 et 12

TOTAL ..../ 27

LE GROUPE VERBAL

21 Le participe passé et le gérondif

Les participes passés réguliers

- Pour former un participe passé, on ajoute en général :
  - la terminaison ***-ado*** au radical des verbes en *-ar* : *cant**ar*** → *cant**ado*** ;
  - la terminaison ***-ido*** au radical des verbes en *-er/-ir* :
    *cog**er*** → *cog**ido*** ; *sub**ir*** → *sub**ido***.
- Employé avec l'auxiliaire ***haber***, le participe passé permet de former les **temps composés** :
  - passé composé : *he, has, ha, hemos, habéis, han* + participe passé ;
  - plus-que-parfait : *había, habías, había, habíamos, habíais, habían* + participe passé ;
  - futur antérieur : *habré, habrás, habrá, habremos, habréis, habrán* + participe passé.

ATTENTION
Le participe passé employé avec *haber* est toujours invariable.

★ 1 Forme les participes passés des verbes suivants.

1. salir → ....
2. comer → ....
3. andar → ....
4. hablar → ....
5. estudiar → ....
6. nadar → ....
7. beber → ....
8. comprar → ....
9. vivir → ....
10. cumplir → ....

SCORE ..../ 10

COUP DE POUCE
Il suffit d'ajouter la terminaison -ado (verbe en -ar) ou -ido (verbes en -er et -ir) au radical du verbe.

Les participes passés irréguliers

decir → dicho	hacer → hecho	escribir → escrito
abrir → abierto	morir → muerto	poner → puesto
romper → roto	ver → visto	volver → vuelto

★★ 2 Complète les phrases suivantes en mettant les verbes au passé composé.

Ex. : *Tomás entra en el museo.* → *Hace poco Tomás ha entrado en el museo.*
Il y a peu de temps, Thomas est entré dans le musée.

1. Pablito pinta. → Hace poco Pablito ....
2. Juanita dibuja. → Hace poco Juanita ....
3. Rafaelito escribe. → Hace poco Rafaelito ....
4. Angelita dice una poesía. → Hace poco Angelita ....
5. Miguelito y Manuela ven una película. → Hace poco Miguelito y Manuela
....
6. Los más pequeños juegan. → Hace poco los más pequeños ....

SCORE ..../ 6

ATTENTION
Trois verbes ont un participe passé irrégulier.

Les gérondifs réguliers

- Pour former un gérondif, on ajoute en général :
  – la terminaison ***-ando*** au radical des verbes en *-ar* : *cant**ar*** → *cant**ando*** ;
  – la terminaison ***-iendo*** au radical des verbes en *-er/-ir* : *cog**er*** → *cog**iendo*** ;
  *sub**ir*** → *sub**iendo***.
- Employé avec ***estar***, le gérondif exprime une action qui est en train de se dérouler et qui dure : *Está lloviendo.* Il pleut (il est en train de pleuvoir).
- **Attention !** Le gérondif est **invariable**.

3 **Remplace le verbe conjugué par la tournure *estar* + gérondif.**

Ex. : *Nado en la piscina.* → *Estoy nadando en la piscina.*
Je suis en train de nager dans la piscine.

1. Tomo el sol. → ....

2. Hablan con el vigilante de la playa. → ....

3. Comemos un helado de vainilla. → ....

4. Bebe un vaso de agua. → ....

5. Suben a la montaña. → ....

SCORE .... / 5

COUP DE POUCE
Il faut bien différencier les verbes en *-ar* de ceux en *-er* et *-ir*.

Les gérondifs irréguliers

caer → cayendo	ir → yendo	oír → oyendo
traer → trayendo	decir → diciendo	venir → viniendo
sentir → sintiendo	poder → pudiendo	dormir → durmiendo

4 **Complète les légendes de ces dessins.**

1. Hace un rato, el niño .... (romper) su coche.

2. Ahora .... (llorar).

SCORE .... / 2

COUP DE POUCE
Tu dois utiliser un passé composé et un gérondif.

ATTENTION
Le participe passé de *romper* est irrégulier.

Corrigés p. 12

TOTAL .... / 23

22 Les auxiliaires *haber*, *ser*, *estar*

Haber

- Formes de *haber* à l'indicatif présent : *he, has, ha, hemos, habéis, han*.
- En français, pour former un **temps composé**, on peut utiliser « être » ou « avoir » + participe passé. En espagnol, on emploie toujours ***haber***.
- Le participe passé qui accompagne *haber* est invariable.
- On ne peut pas séparer l'auxiliaire de son participe.

  Han empezado *ayer las clases y lo* ***he entendido*** *todo.*
  Les cours ont commencé hier et j'ai tout compris.

★ 1 Transforme les phrases en remplaçant la tournure *acabar de* (venir de) par le passé composé.

Ex. : *Acaban de llegar.* → *Han llegado.*
Ils viennent d'arriver. → Ils sont arrivés.

1. Acabamos de salir de Burgos. → ....
2. Acabo de llegar a Logroño. → ....
3. Usted acaba de montar la tienda. → ....
4. Acabo de preparar una tortilla. → ....
5. Acabamos de acostarnos. → ....
6. Ustedes acaban de dormirse. → ....

SCORE .... / 6

COUP DE POUCE
Acostarnos et *dormirse* sont deux verbes pronominaux qui se conjuguent comme *llamarse*.

★ 2 Complète les phrases suivantes selon l'exemple proposé.

Ex. : *Tomás come turrón.* → *Hace poco Tomás ha comido turrón.*
Tomás mange du nougat. → Tomás a mangé du nougat tout à l'heure.

1. Pablito silba. → Hace poco Pablito ....
2. Juanita se pone el jersey. → ....
3. Rafaelito mira las nubes del horizonte. → ....
4. Angelita rompe la rama del árbol. → ....
5. Miguelito y Manuel vuelven a casa. → ....

SCORE .... / 5

ATTENTION
Il y a trois participes passés irréguliers.

Ser

- Formes de *ser* à l'indicatif présent : *soy, eres, es, somos, sois, son*.
- *Ser* est employé pour construire la **forme passive**. Avec *ser*, le participe passé s'accorde toujours avec le sujet.

  Los cuadros ***son*** *pintad****os*** *por Picasso.*
  Les tableaux sont peints par Picasso.

★ 3 Transforme les phrases en utilisant *ser* et le participe passé (forme passive).

1. El perro .... (perseguir) por un gato.
2. El director .... (elegir) para ese puesto (*poste*).
3. La planta .... (regar) todas las mañanas.
4. La carta .... (escribir) por mi tío (*oncle*).
5. Este hombre .... (respetar) por todos.

SCORE .... / 5

INFO
- *ese puesto* : ce poste
- *el tío* : l'oncle

Estar

- Formes de *estar* à l'indicatif présent : *estoy, estás, está, estamos, estáis, están*.
- *Estar* employé avec un participe passé exprime le **résultat d'une action ou d'un événement**.
- Le participe s'accorde avec le sujet, comme un adjectif.

*Sonia cierra la ventana. La ventana **está cerrada**.*
Sonia ferme la fenêtre. La fenêtre est fermée.

★★ 4 Transforme les phrases en utilisant *estar* et le participe passé.

1. Después de la tormenta la tienda .... (abrir).
2. La lámpara .... (romper).
3. Todo .... (desordenar).
4. Ahora la ropa .... (mojar).
5. Las tiendas .... (destrozar).
6. La gente .... (desilusionar).

SCORE .... / 6

ATTENTION
N'oublie pas d'accorder le participe passé avec le sujet.

★★ 5 Complète la carte postale de Mónica et Juan ci-dessous en employant *haber*, *ser* ou *estar* selon le sens.

Queridos padres:

Por fin .... llegado a Santiago de Compostela: el viaje .... terminado. El camino .... sido bastante difícil, pero cuando .... visto las torres de la catedral las penas .... desaparecido. Ahora .... maravillados. Este camino .... seguido por muchos peregrinos desde hace siglos. Ahora .... comprendido su singular interés.

Un abrazo,

Mónica y Juan

SCORE .... / 8

INFO
- *llegar* : arriver
- *las penas* : les peines
- *maravillados* : émerveillés
- *seguir* : suivre
- *peregrinos* : pèlerins

Corrigés p. 12 et 13

TOTAL .... / 30

23 Les tournures affectives

Construction d'une tournure affective

- Certains **verbes qui expriment un sentiment** sont employés dans des tournures dites « affectives ».
- La construction de la phrase est particulière :
  - le verbe est toujours à la **3e personne** du singulier ou du pluriel ;
  - le sujet est placé après le verbe ;
  - la première partie de la structure (*a mí, a ti…*), facultative, s'emploie pour insister.

Complément indirect (*a* + pronom pers. ou nom)	**Complément direct** (pronom pers. compl.)	**Verbe**	**Sujet** (sing. ou plur.)
a mí	me	gusta(n)	+ sujet(s)
a ti	te	gusta(n)	+ sujet(s)
a él, a ella, a usted	le	gusta(n)	+ sujet(s)
a nosotros, a nosotras	nos	gusta(n)	+ sujet(s)
a vosotros, a vosotras	os	gusta(n)	+ sujet(s)
a ellos, a ellas, a ustedes	les	gusta(n)	+ sujet(s)

*(A mí) me gust**a** este libro.* Ce livre me plaît (j'aime ce livre).
*(A mí) me gus**tan** estos libros.* Ces livres me plaisent (j'aime ces livres).

★★ 1 Lis le texte ci-dessous et complète le tableau qui suit.

Javier y Lucía forman una pareja que, a veces, tiene gustos diferentes. A Javier le gusta salir con amigos. A Lucía le gusta ver la tele. A Javier le encanta cocinar y a Lucía también, pero no les gustan las comidas grasas. A Lucía le gusta ir de vacaciones al mar, mientras que a Javier le gusta más la montaña. Los sábados les gusta la gimnasia. Los domingos por la tarde les gusta la piscina.

INFO
- *a veces* : parfois
- *una pareja* : un couple
- *cocinar* : faire la cuisine
- *las comidas grasas* : la nourriture grasse

	a Javier		a Lucía	
	le gusta(n)	no le gusta(n)	le gusta(n)	no le gusta(n)
salir con amigos	X			
ver la tele			X	
cocinar				
las comidas grasas				
ir al mar				
ir a la montaña				
la gimnasia				
la piscina				

SCORE .... / 10

★ 2 Utilise la tournure affective avec *gustar* aux personnes indiquées entre parenthèses.

1. la natación (3e pers. sing.) → ....

2. la gimnasia (1re pers. sing.) → ....

3. el senderismo (1re pers. plur.) → ....

4. correr (2e pers. plur.) → ....

5. las carreras (3e pers. plur.) → ....

SCORE .... / 5

ATTENTION
Ne confonds pas la personne des pronoms compléments et la personne du verbe.

Autres verbes employés dans des tournures affectives

encantar (enchanter)	apetecer (avoir envie)	doler (avoir mal)
ilusionar (faire rêver)	maravillar (émerveiller)	costar (avoir du mal)
dar miedo (faire peur)	molestar (déranger)	dar lástima (faire de la peine)

★★ 3 Utilise les tournures affectives en tenant compte du contexte.

Deux amis discutent.

–¿Quieres venir conmigo al cine?

–¿Qué echan?

–Una película de ciencia ficción; creo que .... (gustar), ¿no?

–Ya no .... (ilusionar) esas películas. Además estoy mal: .... (doler) las muelas.

–Creo que .... (dar miedo) estas películas, por eso no .... (apetecer) ir a verla.

SCORE .... / 5

INFO
- *además* : par ailleurs
- *por eso* : c'est pourquoi
- *las muelas* : les dents [les molaires]

★ 4 Trouve le dessin qui correspond à chaque légende.

a.

b.

c.

d.

e.

1. Me duele la cabeza: ....

2. Cuesta levantarse: ....

3. Me molestan los ruidos: ....

4. Me da lástima: ....

5. Me apetece algo fresco: ....

SCORE .... / 5

ATTENTION
N'oublie pas que, dans les tournures affectives, le sujet est généralement placé après le verbe.

Corrigés p. 13

TOTAL .... / 25

LE GROUPE VERBAL

24 Exprimer le besoin, l'obligation

« Demander » : *pedir* ou *preguntar* ?

- ***Pedir*** signifie « demander », au sens de « réclamer quelque chose ».
  C'est un verbe irrégulier : *pido, pides, pide, pedimos, pedís, piden.*
  *Le **pido** al camarero un café solo.* Je demande au serveur un café.

- ***Preguntar*** signifie « demander si..., pourquoi..., comment... », « poser une question », « interroger ».
  C'est un verbe régulier : *pregunto, preguntas, pregunta, preguntamos, preguntáis, preguntan.*
  *Le **pregunto** si tiene tostadas.* Je lui demande s'il a des tartines grillées.

1 Complète ces phrases en commençant par *Yo te pido...* ou par *Yo te pregunto...*

1. .... si te gusta la lectura.
2. .... consejos para comprar una novela.
3. .... de qué nacionalidad es este autor.
4. .... cuándo recibió el premio Nobel de Literatura.
5. .... un momentito para elegir.
6. .... si venden obras de este autor en esta librería.
7. .... cuál es tu equipo preferido.
8. .... un videojuego para las vacaciones.

SCORE .... / 8

INFO
Le pronom personnel sujet *yo* n'est pas nécessaire dans les phrases ; ici, c'est une forme d'insistance.

« Avoir besoin de » : *necesitar*

- L'expression « avoir besoin de... » peut se traduire par le verbe ***necesitar***.
  C'est un verbe régulier : *necesito, necesitas, necesita, necesitamos, necesitáis, necesitan.*
  ***Necesito** el carné para pasar la frontera.*
  J'ai besoin de la carte d'identité pour passer la frontière.

2 Les débuts et fins des phrases ont été mélangés.
Rassemble-les d'une manière logique, en utilisant *necesitar*.

1. Los burros
2. El hombre
3. El niño
4. El intérprete
5. Los árboles

a. trabajar para ganarse la vida.
b. tierra y agua para crecer.
c. cuatro patas para caminar.
d. conocer dos idiomas.
e. dormir doce horas.

1. ....
2. ....
3. ....
4. ....
5. ....

SCORE .... / 5

ATTENTION
Le verbe *necesitar* est un verbe transitif direct : la préposition française « de » ne se traduit pas.

INFO
- *un burro* : un âne
- *crecer* : pousser

« Il faut » : *hay que...* • Je « dois » : *tengo que...*

- Comme en français, on doit distinguer deux types d'obligation :
  - obligation « impersonnelle » (« il faut » + infinitif) = ***hay que*** + infinitif ;
    Hay que ganar *la copa.*
    Il faut gagner la coupe.
  - obligation « personnelle » (« je dois, tu dois »...) = ***tener que*** (conjugué) + infinitif.
    Tengo que ganar *la copa.*
    Je dois gagner la coupe.

★★ 3 **Passe de l'obligation impersonnelle à l'obligation personnelle en tenant compte de la personne précisée entre parenthèses.**

Ex. : *Hay que coger el coche* (1re pers. sing.). Il faut prendre la voiture.
→ *Tengo que coger el coche*. Je dois prendre la voiture.

1. ¡Cuidado! No hay que correr. (1re pers. plur.) → ....

2. Hay que ir despacito. (2e pers. sing.) → ....

3. ¡No hay que cruzar! (3e pers. plur.) → ....

4. Hay que respetar las señales. (usted) → ....

5. Hay que conducir lentamente. (2e pers. plur.) → ....

SCORE .... **/ 5**

INFO
- *despacito* : lentement
- *cruzar* : traverser
- *las señales* : les panneaux

★★ 4 **Complète le texte en utilisant les verbes *tiene que, pide, necesita, pregunta.***

En la feria

En la barraca del churrero, Manolo .... tres churros. Luego se va al tío vivo y ve que .... 2 euros para subir al dragón. En la caseta de tiro, Manolo .... dar 50 céntimos. Después, Manolo .... cuánto cuesta tumbar los muñecos; el chico .... gastar otros 2 euros si quiere tumbar 5 muñecos. Le gustaría entrar en la mansión del terror, pero .... 3 euros más; ya se lo ha gastado todo.

SCORE .... **/ 6**

COUP DE POUCE
Vérifie que tu as bien utilisé deux fois *tiene que*.

Corrigés p. 13 et 14

TOTAL .... **/ 24**

LE GROUPE VERBAL

25 Exprimer l'habitude, la répétition

Soler + infinitif

- La tournure ***soler*** + infinitif exprime une idée d'habitude (« avoir l'habitude de »).

  ***Suelo** acostarme a las diez.* J'ai l'habitude de me coucher à dix heures.

- Formes à l'indicatif présent : *suelo, sueles, suele, solemos, soléis, suelen.*

1 Recopie le texte en introduisant l'idée d'habitude devant les verbes soulignés.

Cuando Nina vuelve a casa, merienda y después va al jardín con su perro. Juega un cuarto de hora y después empieza a estudiar. Cena a las nueve. Ayuda a su madre a fregar y se acuesta a las diez y media. Duerme casi 9 horas.

....

....

....

....

SCORE .... / 8

COUP DE POUCE
Cherche le sujet du verbe, puis son infinitif avant de faire les transformations.

Volver a + infinitif

- La tournure ***volver a*** + infinitif exprime l'idée de répétition (« refaire », « recommencer... »).

  *Cuando no acierto, **vuelvo a** empezar.* Quand je ne réussis pas, je recommence.

- Formes à l'indicatif présent : *vuelvo, vuelves, vuelve, volvemos, volvéis, vuelven.*

2 Exprime l'idée de répétition dans les phrases ci-dessous.

1. El presidente se sienta. → ....
2. Los ministros aplauden. → ....
3. Los diputados escuchan. → ....
4. Votan todos los partidos. → ....
5. El presidente lee el discurso. → ....

SCORE .... / 5

ATTENTION
N'oublie pas la préposition *a* après le verbe *volver*.

3 Modifie les verbes soulignés dans les phrases pour exprimer l'habitude, puis la répétition.

Ex. : *Los lunes, el cartero empieza el reparto del correo a las nueve.*

→ *Los lunes, el cartero suele empezar el reparto del correo a las nueve.*

→ *Los lunes, el cartero vuelve a empezar el reparto del correo a las nueve.*

1. A las diez y media pasa delante de la oficina de turismo.

→ ....

→ ....

INFO
- *el cartero* : le facteur
- *el reparto* : la distribution
- *el correo* : le courrier
- *cruzar* : traverser
- *la peluquería* : le salon de coiffure
- *la panadería* : la boulangerie

2. A las once cruza enfrente de la peluquería.

→ ....

→ ....

3. A la una entra en la panadería.

→ ....

→ ....

SCORE .... / 6

De nuevo, otra vez + infinitif

- L'idée de répétition peut également se traduire par les expressions ***de nuevo***, ***otra vez***.

  Empiezo ***otra vez****. Empiezo* ***de nuevo****.* Je recommence.

★ 4 Reformule les phrases suivantes en utilisant l'expression *otra vez*.

1. El semáforo vuelve a ponerse en verde. → ....
2. Los coches vuelven a arrancar → ....
3. El policía vuelve a agitarse. → ....
4. La gente vuelve a impacientarse. → ....
5. El ruido vuelve a empezar. → ....

SCORE .... / 5

COUP DE POUCE
En modifiant la tournure, tu es conduit à conjuguer les verbes à l'indicatif (tous sont réguliers).

« Devenir » : *volverse*

- ***Volverse*** (verbe pronominal qui diphtongue) est une des traductions du verbe français « devenir » ; il exprime un changement net et radical, souvent involontaire.

  La rana ***se vuelve*** *buey.* La grenouille devient un bœuf.

★ 5 Exprime le changement en employant le verbe *volverse* au futur.

1. 2. 3. 4.

1. el chubasco / huracán → ....
2. la nevada / tormenta → ....
3. el agua / hielo → ....
4. el viento / torbellino → ....

SCORE .... / 5

INFO
- *el chubasco* : l'averse
- *la nevada* : la tempête de neige
- *el hielo* : la glace
- *el torbellino* : le tourbillon

Corrigés p. 14

TOTAL .... / 29

LA PHRASE

26 La phrase négative

No ; no... sino ; ni... ni

- ***No*** est la principale négation en espagnol ; placée devant un verbe, elle traduit « ne... pas ».

  No *sabemos.*
  Nous ne savons pas.

- La conjonction ***sino*** s'emploie à la place de ***pero*** (mais) si la seconde partie de la phrase rectifie ou contredit une première partie qui est à la forme négative.

  No *quiero coger el metro* ***sino*** *el autobús.*
  Je ne veux pas prendre le métro mais le bus.

- ***Ni... ni...*** (ni... ni...)

  No quiero ***ni*** *agua* ***ni*** *vino.*
  Je ne veux ni eau, ni vin.

★ 1 Réponds négativement aux questions ci-dessous.

Ex. : *¿Es tu bici? – No, no es mi bici.*

1. ¿Es tu moto? – ....

2. ¿Haces mucho ruido? – ....

3. ¿Deja escapar humo? – ....

4. ¿Te gusta correr? – ....

5. ¿Crees que hay contaminación? – ....

ATTENTION
Prends soin de bien séparer les deux négations (No, no...) par une virgule.

SCORE .... / 5

★ 2 Complète le dialogue avec la conjonction qui convient : *pero, sino, ni... ni.*

–Los lunes el museo está cerrado, ... los martes podemos ir.

–Hoy yo no iré al museo .... al cine.

–Rafael prefiere el museo, ... Ana prefiere el cine; nadie está de acuerdo.

–De todas maneras no es una película de Almodóvar .... de Trueba y yo prefiero las películas de Almodóvar.

–A mí no me gusta .... el primero .... el segundo.

COUP DE POUCE
Repère les phrases négatives pour les compléter comme il convient.

SCORE .... / 5

Nunca ; nada ; nadie

- Les négations ***nunca*** (jamais), ***nada*** (rien), ***nadie*** (personne) peuvent être employées de deux façons différentes.

  El perro ***no*** *ladra* ***nunca*** : **double négation** *(no +* verbe *+ nunca)*
  Nunca *ladra el perro* : **une seule négation** *(nunca)* placée devant le verbe
  Le sens est le même : « Le chien n'aboie jamais ».

3 **Transforme les phrases à double négation en négation simple et inversement.**

1. De noche no se oye nada. → ....
2. Nunca salen. → ....
3. Nadie grita. → ....
4. No se ve nada. → ....
5. Nunca se despiertan los chicos. → ....

SCORE .... / 5

ATTENTION
Dans la dernière phrase, le sujet est inversé. Ce n'est pas une obligation, mais cela est très fréquent.

La traduction de la restriction : *solo ; no... más que*

- La restriction (« seulement », « ne... que... ») peut se traduire par ***solo*** ou ***no... más que***.

Tengo tres caramelos. J'ai trois bonbons.

→ ***Solo** tengo tres caramelos.*
J'ai seulement trois bonbons./Je n'ai que trois bonbons.

→ ***No** tengo **más que** tres caramelos.*
Je n'ai que trois bonbons.

4 **Observe la scène et imite l'exemple.**

A las dos de la tarde...	*A las siete de la tarde...*
Solo son las dos de la tarde.	No son más que las siete.
.... hay seis pájaros.	....
.... hay cinco árboles.	....
.... se ven cuatro coches.	....
.... se ven tres gatos.	....

INFO
- *un pájaro* : un oiseau
- *un gato* : un chat

SCORE .... / 8

Corrigés p. 14 et 15

Plus d'exercices sur www.hatier-entrainement.com

TOTAL .... / 23

LA PHRASE

27 La phrase interrogative

L'interrogation directe

- La phrase interrogative est introduite par un **mot interrogatif** qui porte toujours un **accent écrit.**

  ¿Qué? Quoi ? *¿Quién? ¿Quiénes?* Qui ? *¿Cómo?* Comment ? *¿Cuándo?* Quand ?
  ¿Dónde? Où ? *¿Por qué?* Pourquoi ? *¿Cuánto(-a, -os, -as)?* Combien ?
  ¿Cuál? Quel(le) ? Lequel ? Laquelle ? *¿Cuáles?* Quel(le)s ? Lesquels ? Lesquelles ?

- Elle commence par un **point d'interrogation** à l'envers (¿) et se termine par un **point d'interrogation** à l'endroit (?).
  Le sujet est souvent placé après le verbe.

  *¿Vendrán **tus amigos**?*
  Tes amis viendront-ils ?

★ 1 Teresa vient d'arriver à Saragosse. Un ami espagnol l'interroge sur son voyage. À partir des réponses, cherche la question posée en ajoutant le mot interrogatif approprié.

Pregunta (question)	**Respuesta** (réponse)
El amigo	*Teresa*
–¿A .... hora has llegado?	–He llegado a las siete de la tarde.
–¿Con .... has venido?	–He venido sola.
–¿Por .... has pasado?	–He pasado por Logroño.
–¿................. viajeros había en el tren?	–¡Eso no lo puedo saber!
–¿................. tiempo te quedarás en Zaragoza?	–Me quedaré unos quince días.

ATTENTION
- N'oublie pas l'accent écrit sur les mots interrogatifs.
- Pense que *cuánto* s'accorde avec le nom qu'il accompagne.

SCORE ..../ 5

★★ 2 Imagine la question à partir de la réponse : la question portera sur les mots soulignés.
Ex. : *Vivo en una casa grande* → *¿Dónde vives?*

1. La casa tiene tres pisos. → ....
2. Mis primos vendrán también. → ....
3. Se llaman Alejandro y Luis. → ....
4. Van a quedarse ocho días. → ....
5. Tenemos dos habitaciones. → ....
6. Iremos a la playa. → ....
7. Comeremos hamburguesas. → ....
8. Volveremos a casa a las siete. → ....

COUP DE POUCE
Le mot interrogatif peut être précédé de prépositions telles que *a*, *de*, *por*...

SCORE ..../ 8

3 **Les deux amis discutent de leur projet. Imagine les questions à partir des réponses.** (La question est au futur et porte sur le mot souligné.)

1. ¿ .... ? Iremos a <u>Andalucía</u>.
2. ¿ .... ? Pasaremos por <u>Guadalajara</u>.
3. ¿ .... ? Nos quedaremos en <u>Madrid</u>.
4. ¿ .... ? Mis primos saldrán para Granada <u>el lunes</u>.
5. ¿ .... ? Tomarán <u>el AVE</u>.
6. ¿ .... ? Llegarán <u>a las dos</u>.
7. ¿ .... ? Los esperarán <u>unos amigos suyos</u>.
8. ¿ .... ? Irán a esquiar <u>a la Sierra Nevada</u>.
9. ¿ .... ? No iré con ellos <u>porque no sé esquiar</u>.
10. ¿ .... ? <u>Solo José</u> sabe esquiar.

SCORE .... / 10

COUP DE POUCE
Démarrons ensemble : dans la phrase 1, tu dois employer le mot *a dónde*, qui peut aussi s'écrire *adónde*.

L'interrogation indirecte

- L'interrogation indirecte commence par des amorces telles que :
  - *Me pregunto si...* Je me demande si... ;
  - *Dime por qué...* Dis-moi pourquoi... ;
  - *Quisiera saber cuándo...* Je voudrais savoir quand...
- **Attention !** Dans l'interrogation indirecte, les mots interrogatifs doivent porter un accent écrit, comme dans l'interrogation directe.

4 **Quel est le mot interrogatif ? Recopie les phrases ci-dessous en ajoutant l'accent sur les mots interrogatifs.**

1. Por favor, podéis decirme que es el Pilar.

....

2. Quiero saber donde está esta basílica.

....

3. Puedes preguntar por donde se va.

....

4. Pregunta también como se va.

....

5. Dime cuantas torres tiene.

....

6. Por favor, quisiera saber por que se llama así.

....

SCORE .... / 6

COUP DE POUCE
Remarque que « pourquoi » se traduit par *por qué* en deux mots.

Corrigés p. 15

TOTAL .... / 29

LA PHRASE

28 La phrase exclamative

¡Qué! • ¡Qué... tan...! • ¡Qué... más...!

- Pour former une phrase exclamative simple, on emploie :
  ¡Qué... + adjectif!

  ***¡Qué** divertida! **¡Qué** divertida es!*
  Comme elle est amusante !

  ***¡Qué** inteligente! **¡Qué** inteligente es!*
  Qu'il/elle est intelligent(e) !

- Pour former une phrase exclamative comprenant un adjectif et un nom, on emploie :
  ¡Qué + nom + ***tan*** ou ***más*** + adjectif*!*

  ***¡Qué** paella **más** rica! **¡Qué** paella **tan** rica!*
  Qu'est-ce que cette paella est bonne !

- Si la phrase exclamative contient à la fois un verbe, un nom et un adjectif, on écrira :
  ¡Qué + adjectif + verbe + nom*!*

  ***¡Qué** inteligente es este niño!*
  Comme cet enfant est intelligent !

ATTENTION
La phrase exclamative commence par un point d'exclamation à l'envers (¡) et se termine par un point d'exclamation à l'endroit (!).

1 ★★ **Plusieurs touristes s'extasient devant une pyramide aztèque. Mets les phrases suivantes à la forme exclamative.**

1. Una pirámide antigua. → ¡..........!
2. Preciosa. → ¡..........!
3. Es alta. → ¡..........!
4. Una escalera empinada. → ¡..........!
5. Este monumento es fabuloso. → ¡..........!
6. Impresionante. → ¡..........!
7. Una construcción sólida. → ¡..........!
8. Una vista vertiginosa. → ¡..........!

SCORE .... / 8

COUP DE POUCE
On retrouve ici les trois formes d'exclamation : simple, avec verbe, et sans verbe.

INFO
- *antiguo* : ancien
- *empinado* : abrupt

2 ★ **Deux touristes donnent leur point de vue sur la civilisation aztèque. Complète les phrases exclamatives.**

–¿Has visto? ¡.......... terribles eran! Practicaban sacrificios humanos.

–Sí, pero ¡.......... civilización .... desarrollada!

–¡.......... tonto eres! Eso no es civilización, es barbarie.

–¡.......... risa! No entiendes nada.

SCORE .... / 5

ATTENTION
N'oublie pas l'accent écrit sur le mot exclamatif.

¡Cómo...! • ¡Cuánto...!

- *¡Cómo!* s'emploie **devant un verbe pour exprimer la manière**.
  Le sujet, lorsqu'il est exprimé, se place après le verbe.

*¡**Cómo** juegas!*
Comment tu joues !

*¡**Cómo** se divierte Luisa!*
Comme Luisa s'amuse bien !

- *¡Cuánto!* s'emploie **devant un nom** pour exprimer la **quantité**.
Il s'accorde en genre et en nombre avec le nom qu'il accompagne.

*¡**Cuánta** gente!*
Comme il y a du monde !

*¡**Cuántos** coches!*
Que de voitures !

★★ **3** **À partir des éléments donnés, construis des phrases exclamatives avec *¡Cómo!* ou *¡Cuánto!***

1. Este niño ríe al ver a los turistas. → ....

2. Juegan muy bien. → ....

3. Hay muchos chicos. → ....

4. Toca muy mal la guitarra. → ....

5. Hay muchas escaleras (*escaliers*) en esta pirámide. → ....

6. Llueve mucho aquí: todo es verde. → ....

7. Estas personas hablan alto. → ....

8. Hoy calienta el sol. → ....

9. Ha sacado docenas de fotos. → ....

10. Me gusta el arte azteca. → ....

COUP DE POUCE
Vérifie que tu as employé 7 fois *¡cómo!*.

ATTENTION
Cuánto s'accorde avec le nom auquel il se rapporte.

SCORE .... / 10

★ **4** **Associe chacune des exclamations au personnage qui la prononce. Utilise les numéros.**

¡Qué calor!	•	• ①
¡Qué alta es!	•	• ②
¡Cuántos escalones!	•	• ③
¡Qué mosquitos tan insoportables!	•	• ④

SCORE .... / 4

Corrigés p. 15 et 16

TOTAL .... / 27

Plus d'exercices sur www.hatier-entrainement.com

Lexique des exercices

A

abierto(-a) : ouvert(e)
abril, *n. m.* : avril
abrir : ouvrir
abuelo, abuela, *n.* : grand-père, grand-mère
aburrir : ennuyer
acoger : accueillir
acordarse [ue] : se souvenir
acostarse [ue] : se coucher
actor, *n. m.* : acteur
actriz, *n. f.* : actrice
acudir a : se rendre à
agosto, *n. m.* : août
agudo(-a) : aigu(e)
ahora : maintenant
alcanzar : atteindre
alto(-a) : grand(e) (de taille)
anciano, anciana, *n.* : vieille personne, personne âgée
andar : marcher
apagar : éteindre
apellido, *n. m.* : nom de famille
apetecer : avoir envie
aplaudir : applaudir
árbol, *n. m.* : arbre
arena, *n. f.* : sable
asistir : assister
atasco, *n. m.* : embouteillage
aterrizar : aterrir

B

bajar : descendre
bajo(-a) : petit(e) (de taille)
barco, *n. m.* : bateau
barrio, *n. m.* : quartier
beber : boire
borrar : effacer
buscar : chercher

C

caber : contenir
cabeza, *n. f.* : tête
cada : chaque
caer : tomber
calor, *n. m.* : chaleur
calle, *n. f.* : rue
cantar : chanter
cartel, *n. m.* : affiche
camino, *n. m.* : chemin
caramelo, *n. m.* : bonbon
carrera, *n. f.* : course
casa, *n. f.* : maison
cenar : dîner
ceniza, *n. f.* : cendre
cerca : près
cerrar [ie] : fermer
chico, chica, *n.* : garçon, fille
churro, *n. m.* : beignet
cocina, *n. f.* : cuisine
coche, *n. m.* : voiture
coger : prendre
comer : manger
como : comme
cómo : comment
compañero, compañera, *n.* : camarade
comprar : acheter
con : avec
conmigo : avec moi
conocer : connaître
consejo, *n. m.* : conseil
contigo : avec toi
convivir : vivre ensemble
correr : courir
costa, *n. f.* : côte
cuaderno, *n. m.* : cahier
cualquiera : n'importe quel, quelle
cuanto : combien
cumpleaños, *n. m.* : anniversaire

D

dar cuenta : rendre compte
dar permiso : donner l'autorisation
deber : devoir
dejar : laisser
delante : devant
demás : autre(s)
demasiado : trop
dentro : dedans
derecha, *n. f.* : droite
desaparecer : disparaître
desarrollado(-a) : développé(e)
descubrir : découvrir
desde : depuis
desfile, *n. m* : défilé
desilusionar : décevoir
después : après, ensuite
destrozar : détruire
detrás : derrière
dibujar : dessiner
diciembre, *n. m.* : décembre
dirigirse : s'adresser
discurso, *n. m.* : discours
divertido(-a) : amusant(e)
doler [ue] : avoir mal
domingo, *n. m.* : dimanche

E

elegir [i] : choisir
empezar [ie] : commencer
empleado, empleada, *n.* : employé, employée
en : dans
encender [ie] : allumer
encontrarse [ue] : se trouver
enero, *n. m.* : janvier
enfadado(-a) : fâché(e)
enfermo(-a) : malade
enseguida : tout de suite
entender [ie] : comprendre
entonces : alors
entre : parmi ; entre
esbozar : esquisser
escalera, *n. f.* : escalier
escapar : échapper
escribir : écrire
escuchar : écouter

esperar : attendre
esquiar : skier
estación, *n. f.* : saison, gare
estanque, *n. m.* : étang
euro, *n. m* : euro
excepto : sauf
extranjero(-a) : étranger(ère)

F

febrero, *n. m.* : février
felicitar : féliciter, souhaiter
flor, *n. f.* : fleur
folleto, *n. m.* : dépliant
fuego, *n. m.* : feu
fuente, *n. f.* : fontaine
fuera : dehors

G

gafas, *n. f. pl.* : lunettes
gato, *n. m.* : chat
gente, *n. f. sing.* : gens
gorra, *n. f.* : casquette
gritar : crier

H

habitación, *n. f.* : chambre
hacer : faire
hasta : jusqu'à
helado, *n. m.* : glace
hueso, *n. m.* : os
humo, *n. m.* : fumée
huracán, *n. m.* : ouragan

I

idioma, *n. m.* : langue
infierno, *n. m.* : enfer
insistir : insister
intentar : essayer
invierno, *n. m.* : hiver
ir : aller
isla, *n. f.* : île
izquierda, *n. f.* : gauche

J

jaula, *n. f.* : cage
jersey, *n. m.* : pull-over
joven, *n.* : jeune
juego, *n. m.* : jeu
jueves, *n. m.* : jeudi
jugar [ue] : jouer
julio, *n. m.* : juillet
junio, *n. m.* : juin

L

ladrar : aboyer
largo(-a) : long, longue
leer : lire
lejos : loin
lengua, *n. f.* : langue
levantarse : se lever
llamar : appeler
llegar : arriver
llevar : porter
llorar : pleurer
llover [ue] : pleuvoir
lunes, *n. m.* : lundi
luz, *n. f.* : lumière

M

maleta, *n. f.* : valise
mañana, *n. f.* : matin ; demain
mapa, *n. m.* : carte de géographie
mar, *n. m. / f.* : mer
maravilla, *n. f.* : merveille
maravillar : émerveiller
martes, *n. m.* : mardi
marzo, *n. m.* : mars
mayo, *n. m.* : mai
mesa, *n. f.* : table
miedo, *n. m.* : peur
mientras que : tandis que
miércoles, *n. m.* : mercredi
mirar : regarder
mojar : mouiller
molestar : déranger
monedero, *n. m.* : porte-monnaie
mosquito, *n. m.* : moustique
mover [ue] : bouger
móvil, *n. m.* : téléphone portable
mucho : beaucoup
mundo, *n. m.* : monde
muy : très

N

nada : rien
nadar : nager
nadie : personne
naranja, *n. f.* : orange
navegar : naviguer
necesitar : avoir besoin de
negar [ie] : refuser
nevar [ie] : neiger
nieve, *n. f.* : neige
novela, *n. f.* : roman
noviembre, *n. m.* : novembre
novio, novia *n.* : fiancé(e)
nube, *n. f.* : nuage
nunca : jamais

O

obra, *n. f.* : œuvre
octubre, *n. m.* : octobre
oír : entendre
otoño, *n. m.* : automne

P

página, *n. f.* : page
país, *n. m.* : pays
pájaro, *n. m.* : oiseau
para : pour
parque, *n. m.* : parc
partido, *n. m.* : match
paso, *n. m.* : pas
patio, *n. m.* : cour
pecera, *n. f.* : aquarium
pedir [i] : demander

película, *n. f.* : film
pequeño(-a) : petit(e)
perder [ie] : perdre
pero : mais
perro, *n. m.* : chien
perseguir [i] : poursuivre
pescado, *n. m.* : poisson (mort)
pez, *n. m.* : poisson (vivant)
pico, *n. m.* : sommet
pincel, *n. m.* : pinceau
pintar : peindre
piso, *n. m.* : étage, appartement
plato, *n. m.* : assiette
plaza, *n. f.* : place
pobre : pauvre
poder [ue] : pouvoir
poner : mettre
porque : parce que
por qué : pourquoi
postal (tarjeta), *n. f.* : carte postale
preguntar : demander, poser une question
premio, *n. m.* : récompense, prix
prestar atención : faire attention
primavera, *n. f.* : printemps
primo, prima, *n.* : cousin, cousine
pueblo, *n. m.* : village
puente, *n. m.* : pont
puerta, *n. f.* : porte

Q

quedar : rester
querer [ie] : vouloir ; aimer quelqu'un

R

raíz, *n. f.* : racine
rama, *n. f.* : branche
rato, *n. m.* : moment
recibir : recevoir
regalar : offrir un cadeau
regar [ie] : arroser
reír : rire
reloj, *n. m.* : montre, horloge
reparto, *n. m.* : distribution
respetar : respecter
resumen, *n. m.* : résumé
resumir : résumer
retraso, *n. m.* : retard
rico(-a) : riche
río, *n. m.* : fleuve, rivière
romper : casser
ruido, *n. m.* : bruit
ruiseñor, *n. m.* : rossignol

S

sábado, *n. m.* : samedi
saber : savoir
sacar : obtenir, retirer
sacar fotos : photographier
salida, *n. f.* : départ ; sortie
salir : sortir ; partir
salón, *n. m.* : salon
secreto, *n. m.* : secret
senderismo, *n. m.* : marche à pied
sentarse [ie] : s'asseoir
sentir [ie] : ressentir
septiembre, *n. m.* : septembre
siempre : toujours
sierra, *n. f.* : montagne
siglo, *n. m.* : siècle
silbar : siffler
sobre : sur
sombra, *n. f.* : ombre
soñar [ue] con : rêver à, de
sorprender : surprendre
sorprendido(-a) : surpris(e)
subir : monter
suerte, *n. f.* : chance
sufrir : souffrir
suspirar : soupirer

T

tardar en : mettre du temps à
tarde : tard
tarde, *n. f.* : après-midi ; soir
tarea, *n. f.* : devoir
temprano : tôt
tener [ie] : avoir ; posséder
tienda, *n. f.* : boutique
tierra, *n. f.* : terre
todo : tout
tomar : prendre
tonto(-a) : bête ; idiot(e)
tormenta, *n. f.* : tempête
tortilla, *n. f.* : omelette
trabajar : travailler
traer : apporter
traje, *n. m.* : costume
tren, *n. m.* : train
turrón, *n. m.* : nougat

U

último (a) : dernier(-ère)

V

valer : valoir
vaso, *n. m.* : verre
venir [ie] : venir
ventana, *n. f.* : fenêtre
ver : voir
verdad, *n. f.* : vérité
vestirse : s'habiller
vez/veces, *n. f. sing./pl.* : fois
viaje, *n. m.* : voyage
viajero, viajera, *n.* : voyageur, voyageuse
viejo(-a) : vieux, vieille
viernes, *n. m.* : vendredi
vigilante, *n. m.* : surveillant
volver [ue] : revenir ; rentrer

Z

zapato, *n. m.* : chaussure
zorro, *n. m.* : renard
zumo, *n. m.* : jus

Mémento de conjugaison

Verbes réguliers

■ Modèle *cantar* (+ verbes réguliers en *-ar*)

INDICATIF		SUBJONCTIF	
Présent	**Imparfait**	**Présent**	**Imparfait**
canto	cantaba	cante	cantara(-se)
cantas	cantabas	cantes	cantaras(-ses)
canta	cantaba	cante	cantara(-se)
cantamos	cantábamos	cantemos	cantáramos(-semos)
cantáis	cantabais	cantéis	cantarais(-seis)
cantan	cantaban	canten	cantaran(-sen)
Passé simple		**IMPÉRATIF**	
canté			
cantaste		canta	
cantó		cante	
cantamos		cantemos	
cantasteis		cantad	
cantaron		canten	
Futur	**Conditionnel**	**FORMES IMPERSONNELLES**	
		Gérondif	**Participe passé**
cantaré	cantaría	cantando	cantado
cantarás	cantarías		
cantará	cantaría		
cantaremos	cantaríamos		
cantaréis	cantaríais		
cantarán	cantarían		

■ Modèle *comer* (+ verbes réguliers en *-er*)

INDICATIF		SUBJONCTIF	
Présent	**Imparfait**	**Présent**	**Imparfait**
como	comía	coma	comiera(-se)
comes	comías	comas	comieras(-ses)
come	comía	coma	comiera(-se)
comemos	comíamos	comamos	comiéramos(-semos)
coméis	comíais	comáis	comierais(-seis)
comen	comían	coman	comieran(-sen)
Passé simple		**IMPÉRATIF**	
comí			
comiste		come	
comió		coma	
comimos		comamos	
comisteis		comed	
comieron		coman	
Futur	**Conditionnel**	**FORMES IMPERSONNELLES**	
		Gérondif	**Participe passé**
comeré	comería	comiendo	comido
comerás	comerías		
comerá	comería		
comeremos	comeríamos		
comeréis	comeríais		
comerán	comerían		

■ **Modèle *subir*** (+ verbes réguliers en *-ir*)

INDICATIF		SUBJONCTIF	
Présent	**Imparfait**	**Présent**	**Imparfait**
subo subes sube subimos subís suben	subía subías subía subíamos subíais subían	suba subas suba subamos subáis suban	subiera(-se) subieras(-ses) subiera(-se) subiéramos(-semos) subierais(-seis) subieran(-sen)
Passé simple		**IMPÉRATIF**	
subí subiste subió subimos subisteis subieron		 sube suba subamos subid suban	
Futur	**Conditionnel**	**FORMES IMPERSONNELLES**	
		Gérondif	**Participe passé**
subiré subirás subirá subiremos subiréis subirán	subiría subirías subiría subiríamos subiríais subirían	subiendo	subido

Principaux verbes irréguliers

Infinitif Gérondif P. passé	Indic. présent	Impérat.	Subjonc. présent	Indic. imparfait	Indic. passé simple	Subjonc. imparfait	Indic. futur	Condition.
dar (*donner*) dando dado	doy das da damos dais dan	 da dé demos dad den	dé des dé demos deis den	daba dabas daba dábamos dabais daban	di diste dio dimos disteis dieron	diera(-ese) dieras diera diéramos dierais dieran	daré darás dará daremos daréis darán	daría darías daría daríamos daríais darían
estar (*être*) estando estado	estoy estás está estamos estáis están	 está esté estemos estad estén	esté estés esté estemos estéis estén	estaba estabas estaba estábamos estabais estaban	estuve estuviste estuvo estuvimos estuvisteis estuvieron	estuviera(-ese) estuvieras estuviera estuviéramos estuvierais estuvieran	estaré estarás estará estaremos estaréis estarán	estaría estarías estaría estaríamos estaríais estarían
haber (*avoir*) habiendo habido	he has ha hemos habéis han		haya hayas haya hayamos hayáis hayan	había habías había habíamos habíais habían	hube hubiste hubo hubimos hubisteis hubieron	hubiera(-ese) hubieras hubiera hubiéramos hubierais hubieran	habré habrás habrá habremos habréis habrán	habría habrías habría habríamos habríais habrían
hacer (*faire*) haciendo hecho	hago haces hace hacemos hacéis hacen	 haz haga hagamos haced hagan	haga hagas haga hagamos hagáis hagan	hacía hacías hacía hacíamos hacíais hacían	hice hiciste hizo hicimos hicisteis hicieron	hiciera(-ese) hicieras hiciera hiciéramos hicierais hicieran	haré harás hará haremos haréis harán	haría harías haría haríamos haríais harían

Achevé d'imprimer en France par Imprimerie IPS
Dépôt légal : 05119-5/03 - Novembre 2020